WEB 3.0 시대

밈 코인 투자 전략

추천사

밈 토큰 경제와 투자 전략에 대한 이 책은 단순한 투자 안내서가 아닌 Web3.0 경제 모델을 이해할 수 있는 탁월한 지침서입니다. 저자의 비전과 깊은 통찰력이 돋보입니다.

— 유스메타그룹 원경희의장

밈의 철학과 밈 코인을 통해서 경제 민주화를 이루고자 하는 전세계의 많은 젊은이들에게 이 책의 일독을 권합니다.

— 밈코인투자연구소 정문수이사장

문화적 유전자 밈과 미래 경제 생태계를 접목한 밈 코인의 세계를 이해하는데 큰 도움이 되었습니다. 강추합니다!

— Artist GuGu Kim

이 책은 디지털자산 투자자뿐 아니라 인터넷시대를 살고 있는 모든 사람들이 한번쯤 읽어 봐야 할 내용입니다. 인터넷과 탈중앙화 된 Web 3.0 시대를 살아가면서 우리가 접하게 되는 디지털에셋 중에서 문화적 유전자를 블록체인 상에 구현해 놓은 밈 코인을 가장 쉽고 편하게 풀어냈습니다. 지난 30년 넘게 인터넷과 AI 그리고 블록체인 분야에서 학문적이고 사업적인 다양한 경험을 이 책에 옮겨 놓은 저자의 통찰을 느끼게 되길 기원하며 이 책을 추천합니다.

— 포스텍 크립토블록체인센터장 홍원기교수

"WEB 3.0 시대의 밈 코인 투자 전략"은 밈코인의 기원과 발전, 그리고 블록체인과의 융합 과정을 쉽고 명쾌하게 풀어낸 책입니다. MZ세대의 독특한 가치관을 반영하며, 단순한 유머나 호기심을 넘어 디지털 경제의 핵심 요소로 자리 잡은 밈코인의 가치를 통찰력 있게 조명합니다. 블록체인과 Web 3.0 시대를 선도하고자 하는 독자, 그리고 밈코인의 경제적 잠재력과 문화적 의미를 탐구하고자 하는 이들에게 강력히 추천합니다.

- 한국디지털에셋(코다)대표 조진석

이 책은 혁신적인 통찰력으로 밈 토큰이 단순한 트렌드가 아닌 미래 경제의 핵심 요소임을 설득력 있게 보여줍니다. AI와 블록체인, 그리고 밈의 융합이 만들어내는 새로운 경제 모델을 심도 있게 다루며, 이를 이해하는 데 더할 나위 없이 훌륭한 가이드북입니다. 디지털 경제의 미래를 열어가는 밈과 밈 토큰의 역할을 명확히 제시한 이 책은, 시대를 앞서가는 독자들에게 반드시 읽어야 할 필독서로 자리잡을 것입니다.

- 블록체인투데이 발행인 정주필

블록체인과 AI분야의 선구자인 저자가 풀어낸 Web3.0시대의 밈 토큰 경제는 단순한 기술을 넘어 문화와 경제를 잇는 다리를 제공합니다. 이 책을 통해 Web3.0 미래의 세계로 나가기 바랍니다.

- 큐버스랩 전창섭대표

"WEB 3.0 시대의 밈 코인 투자 전략"은 밈과 밈 토큰이 디지털 경제의 핵심 요소로 자리 잡게 된 과정을 흥미롭게 풀어낸 책입니다. 단순한 유머를 넘어 블록체인과 AI의 융합을 통해 밈 코인의 경제적, 문화적 의미를 조명하며, Web3.0 시대의 새로운 가능성을 제시합니다. 디지털 기술과 인간 창의성의 결합이 만들어낼 미래를 탐구하는 이 책은 밈 토큰 경제의 기회와 도전에 대해 깊이 이해하고자 하는 독자들에게 반드시 읽어야 할 필독서입니다.

- 법무법인 린, TMT그룹 총괄 구태헌변호사

밈은 블록체인의 본질을 보여주는 핵심 요소로, 단순한 유행을 넘어 필연적 현상으로 자리 잡고 있습니다. 이 책은 국내 최초로 밈 토큰 경제를 다룬 작품으로, 저자의 풍부한 경험과 전문성을 바탕으로 어려운 개념을 쉽고 흥미롭게 풀어내며, 블록체인의 최신 트렌드를 이해하는 데 훌륭한 길잡이가 될 것입니다.

- 키페어 이창근대표

Contents

서문 __ 10

PART 1 문명과 밈 __ 15

    01 밈의 시작   16

    02 언어와 문자의 발명   17

    03 문명의 발달 과정에서의 밈   20

    04 밈은 왜 창의적인가?   23

    05 AGI/ASI시대 AI는 밈을 만들어 낼 수 있을까?   25

PART 2 밈이란 __ 33

    01 이기적 유전자 vs 이타적인 밈   34

    02 문화 유전자로서의 밈   36

    03 밈의 역할과 문화 반영   39

    04 빅데이터 시대의 밈의 의미와 가치는?   41

    05 밈은 누가 왜 언제 어떻게 만드는가?   44

PART 3 인터넷의 발달과 밈의 시대 __ 49

    01 밈 이전의 밈   50

    02 인터넷의 발달에 따른 밈의 변화   53

    03 스마트폰 보급과 빅데이터   56

    04 밈 관련 통계 자료들   57

    05 밈 마케팅은 무엇인가?   59

    06 펜데믹 (COVID19) 발생 이후의 밈의 변화   62

    07 웹의 진화에 따른 밈의 변화   64

PART 4 블록체인과 밈토큰 __ 69

    01 비트코인, 블록체인 그리고 토큰 경제   70

    02 비트코인 밈들   75

    03 도지코인 : 최초의 밈 코인   78

    04 비트코인도 밈 코인인가? (도지코인과 비교)   83

    05 블록체인과 토큰 시장의 변화   84

PART 5 밈토큰 __ 91

01 밈 토큰이란 무엇인가?   92

02 밈토큰과 NFT의 차이   94

03 왜 밈코인에는 동물이 많은가?   98

04 주요 밈코인 소개   99

PART 6 밈 토큰 경제 __ 117

01 비트코인 vs 알트코인 vs 밈코인   118

02 토큰 이코노미란?   126

03 밈 코인과 관심경제   129

04 정량적 지표 MC/FDV비율   132

05 밈경제, 밈노믹스   136

06 밈과 AI의 융합   137

07 AI가 밈을 만들 수 있을까?   143

PART 7 밈 토큰 경제 성공 요소 __ 147

    01 WEB3.0시대의 도래   148

    02 WEB3.0시대의 새로운 종족 디젠(Degen)   150

    03 밈 토큰의 잠재력과 성공 요소   152

    04 마치며   157

참고문헌 __ 161

서문

밈 토큰 경제 시대를 기대하며

우리가 사는 세상은 정말 빠르게 변화하고 있다. 기술의 발전은 우리의 삶 뿐만 아니라 사회와 경제 구조까지도 근본적으로 바꾸고 있다. 이런 변화 속에서 '밈(meme)'과 '밈 토큰(meme token)'은 재미있고 단순한 인터넷 문화 현상을 넘어 새로운 경제 모델로 자리 잡고 있다. 문화적 유전자로서 밈은 이제 단순히 재미있는 이미지를 넘어서 4차 산업혁명 시대의 중요한 문화적 요소가 되었고, 밈 토큰은 블록체인 기술과 결합해 Web3.0 시대의 경제 모델의 중심으로 떠오르고 있다.

밈은 인터넷 공간에서 만들어지고 확산되며, 인간의 생각과 감정을 간결하면서도 강렬하게 표현한다. 처음에는 단순한 유머와 농담으로 시작됐지만, 지금은 블록체인 기술과 융합하면서 기존의 알트코인 생태계에서 이룰 수 없었던 새로운 형태의 가치를 창출하고 있다. Web3.0 시대가 다가오면서 밈은 개인과 커뮤니티가 주도하는 새로운 경제 시스템에서 핵심적인 역할을 맡게 되었다.

이 책은 밈과 밈 토큰이 문화와 경제에 어떤 영향을 미치는지를 살펴보는 여정을 담았다. 밈의 기원과 의미에서 출발해 최근의 블록체인과 Web3.0 시대가 밈 토큰 경제를 어떻게 만들어가고 있는지, 그리고 앞으로의 가능성까지 자세히 다뤘다.

이 책은 어렵고 복잡한 기술 이야기를 나열하지 않는다. 대신 밈과 밈 토큰이라는 주제를 누구나 쉽게 이해할 수 있도록 풀어냈다. 밈이란 무엇인지, 어떻게 만들어지는지, 그리고 밈이 단순한 인터넷 유머에서 블록체인 기반 경제의 중요한 요소로 진화한 과정을 흥미롭게 설명했다.

밈 토큰은 블록체인 기술을 기반으로 만들어진 암호화폐 중 하나다. 도지코인(Dogecoin) 같은 사례를 통해 대중에게 잘 알려졌지만, 이 책은 밈 토큰이 단순히 재미있는 화폐가 아니라 Web3.0 시대의 새로운 경제 모델로 자리 잡고 있는 이유를 더 깊이 들여다본다.

또한, AI(인공지능)가 밈을 생성하고 발전시키는 가능성에 대해서도 다룬다. AGI(Artificial General Intelligence)와 ASI(Artificial Super Intelligence) 시대가 다가오면서 AI는 더 이상 단순한 도구가 아니라 컨텐츠 창작자로서 역할을 수행할 수 있게 되었다. AI를 활용하여 인간의 문화적 유전자라 불리는 밈을 어떻게 만들어내고 확산시키는지, 그리고 이런 변화가 밈 토큰 경제에 어떤 영향을 줄지에 대한 이야기도 포함되어 있다. AI와 밈의 융합은 인간과 기계의 경계를 허물며 상상하지 못했던 새로운 문화를 만들어가고 있다. 이제 AI는 기술적 혁신을 넘어서 디지털 문화와 경제의 설계자로 자리 잡아가고 있다.

Web3.0 시대에서 사람들을 플랫폼이란 중앙화된 권력에서 벗어나 커뮤니티와 개인이 중심이 되는 탈중앙화된 세상을 꿈꾼다. 밈과 밈 토큰은 이런 변화의 핵심에 있다. 블록체인의 분산화 기술은 개인이 자신의 데이터를 소유하고, 가치를 자유롭게 표현하며, 이를 기반으로 보상 기반의 경제

활동을 할 수 있도록 한다. 밈 토큰은 Web3.0 경제에서 커뮤니티의 창의력과 참여를 결합해 새로운 디지털 경제를 만들 수 있다.

이 책은 밈과 밈 토큰이라는 새로운 세계를 쉽게 이해하고, 이 흥미로운 경제 모델에 참여할 수 있는 기회와 방법을 알려주기 위해 썼다. 밈 토큰 경제는 단순히 암호화폐의 변형이 아니라, 인간의 창의성과 기술이 결합해 만들어진 새로운 디지털 혁명의 상징이라고 생각한다. 문화와 기술의 진화처럼 밈 토큰 경제가 어떻게 진화하게 될지 아무도 모른다. 다만 이런 시대를 여러분과 함께 창조하는 기회를 가지게 되었으면 하는 바람이다.

우리는 지금 블록체인과 AI로 대변되는 Web3.0이라는 거대한 변화의 문턱에 서 있다. 이 문을 열고 나아가는 데 밈과 밈 토큰에 대한 지식과 경험은 선택이 아니라 필수적인 요소가 될 것이다. 이 책이 밈 토큰 경제의 가능성을 발견하는 데 도움이 되기를 바란다. 디지털 기술과 인간의 상상력이 융합된 새로운 세상에서, 밈과 밈 토큰이 열어갈 새로운 미래를 여러분과 함께 탐험해 보길 원한다.

PART 1 문명과 밈

- 밈의 시작

- 언어와 문자의 탄생

- 문명의 발달 과정에서의 기록, 전달 그리고 밈

  (문화 요소로서의 밈)

- 언어의 역할 그리고 언어 모델 그리고 밈

- 밈은 창의적인가?

- AGI/ASI시대가 오면 AI는 밈을 만들어 낼 수 있을까?

01 밈의 시작

　진화생물학자 리차드 도킨스의 책 '이기적 유전자'에서 처음 사용한 밈(meme)은 gene(유전자)와 mimesis(모방의 그리스어)의 합성어이다. 밈(meme)을 진(gene)과 비슷한 소리로 만든 이유가 생물학적 유전자와 대조하는 문화적 유전자로서의 역할을 강조하기 위함이다. 밈(meme)은 글, 언어, 모양, 그림, 스케치, (짧은)동영상, 제스춰 등을 통해 사람에서 사람에게로 전해지는 스타일, 아이디어, 행동 등의 문화적 유전자이다. 도킨스는 밈을 '자기복제가 가능하고 인간의 마음을 숙주로 사용하는 문화 정보의 단위'로 정의했다.

　인간의 몸을 숙주로 사용하는 이기적인 유전자와 확실해 대비되는 정의라고 할 수 있다.

> "우리는 이 새로운 복제자를 위한 이름이 필요하다. 문화의 전달의 단위, 혹은 모방의 단위라는 개념을 잘 전달할 수 있는 명사 말이다. 적당한 그리스어 단어를 어원으로 선택하면 'Mimeme'라는 단어를 얻을 수 있지만, 나는 어느 정도 '유전자'(gene)와 비슷하게 발음되는 단음절 단어를 원한다. 내 고전주의자 친구들이 mimeme를 meme으로 축약하는 것을 용서해 주길 바랄 뿐이다. 위안이 될지는 모르겠지만, 혹시 이 단어가 영어 memory(메모리)나 불어 même(멤)과 연관이 있다고 생각하는 사람이 있을지도 모르겠다. 이 단어는 라임이 맞도록 발음되어야 한다." - 리처드 도킨스 '이기적 유전자'에서 발췌

　밈은 단순한 유머나 트렌드를 넘어 사회적, 문화적, 역사적 의미를 담고 있다. 시대에 따른 특정 상황이나 감정을 간결하게 표현하거나 복잡한 아이디어를 쉽게 전달하는 도구로 활용된다. 밈은 또한 집단의 정체성을 형성하고 공동체 의식을 강화하는 역할을 한다.

• 이 책에서는 밈코인과 밈토큰이 같은 의미로 사용되었고, 다만 문맥과 비교 등의 문장에서는 선택적으로 사용했음을 알려드립니다

현대 사회에서 밈은 스마트폰이라는 디바이스와 다양한 소셜 네트웍 서비스(Social Network Service)플랫폼들을 활용하여 시간과 장소에 상관없이 인터넷상의 다양한 소셜 미디어 채널을 통해 빠르게 확산되며, 때로는 특정 제품의 바이럴 마케팅의 수단으로 활용되기도 한다. 밈의 생명력과 영향력, 전파력은 그것이 얼마나 많은 사람들의 공감을 얻고 파생되고 재생산되는지에 달려있다.

[그림] 리차드도킨스와 "이기적 유전자" 1976,
from https://www.nature.com/articles/529462a

02 언어와 문자의 발명

언어와 문자의 발명은 인류 역사에서 정말 중요한 사건이다. 유발 하라리가 본인의 저서 '사피엔스'에서 언급했듯이, 언어가 생기고 발달하면서 현생 인류인 호모 사피엔스가 살아남고 번성할 수 있었다. 약 7만 년 전에 호모 사피엔스에게 일어난 혁명, 바로 '인지혁명'이 일어났고, 이때부터 인간의 언어 능력이 빠르고 엄청나게 발전한 것이다. 새로운 언어 능력은 이런 특징을 가졌다:

1. 정보 처리 능력의 향상

    정보를 더 많이 저장하고 분석하고 전달할 수 있게 됐다. 생존을 위한 기본적인 정보들을 언어로 표현함으로써 기억하고 전달하고 분석하고 추론하는 능력도 빠르게 좋아지게 된다.

2. 사회적 관계 및 협업

    공동체 생활이 시작되면서 구성원의 상호 관계를 표현하고 다양한 내부와 외부의 정보를 상호 나눌 수 있게 된다. 특별히 생존의 문제를 언어로 추상화 시킬 수 있게 되면서, 관계를 형성하고 협업을 하는 일들이 쉬워졌다.

3. 상상력과 창의력

    것이 가장 중요한 기능인데, 소위 상상력이 크게 생겼다고 볼 수 있다. 속된 말로 '뻥'을 치는 능력이 생기기 된 것이다. 추상화 시키는 능력을 통해서, 정보의 축약이 일어나고, 축약된 정보들은 쉽고 빠르게 전파 될 수 있게 된다.

이런 언어 능력이 발달하면서 호모 사피엔스는 다른 인류 종들보다 앞서 나가게 됐다. 복잡하고 체계적인 조직 및 사회 구조를 만들고, 더 큰 규모로 협력할 수 있었고, 4대 문명 등의 탄생과 더불어 전반적인 인류의 문화와 생산 기술도 빠르게 발전시킬 수 있었다.

사람들이 말로만 정보를 전하다 보니, 나중에는 이걸 기록하고 보존해야 할 필요성을 느끼게 됐다. 그래서 문자 체계가 발명된 것이다. 문자체계는 아래와 같은 역사적 과정들을 거쳐서 형성되었다.

1. 초기 문제는 벽화에 그림이나 추상적인 내용을 그리거나, 숫자들을 표현하는 쐐기(점토)문자를 사용하게 된다. (약 8000 BC - 3500 BC)

2. 진짜 문자라고 할 수 있는 건 이때 나왔다 (약 3200 BC - 3000 BC)

최초의 완전한 문자체계로 알려진 수메르의 쐐기문자와 이집트의 상형문자가 이때부터 쓰이기 시작했다.

3. 소리를 나타내는 문자가 발달하기 시작했다 (약 2000 BC - 1000 BC)

   이집트의 상형문자에서 비롯된다고 하는 원시 시나이 문자와 최초의 알파벳 체계를 가지고 있는 페니키아 문자가 사용되기 시작했다.

4. 알파벳이 퍼지고 발전했다 (약 1000 BC - 지금까지)

   페니카이 문자에서 모음이 추가되고 발전되어 그리스 알파벳이 나왔고, 다시 라틴 알파벳이 나와서 지금 사용하고 있는 알파벳 문자의 기본을 이루게 되었다.

5. 동아시아에서는 이런 문자가 발전했다

   갑골문에서 시작된 표의문자로 중국 한자가 있었고(BC1200년),

   한글은 세종대왕이 창제한 매우 독특한 음소문자이다. (AD1443년)

문자 체계가 진화하면서 인류가 지식을 쌓고 퍼뜨리는 데 혁명적인 변화가 일어났다. 처음에는 그림 같은 문자였다가 점점 추상적이고 체계적으로 변해서 지금의 다양한 문자 체계가 됐다. 이 과정에서 각 문화권의 특징과 언어의 특성이 반영됐고, 문자는 단순히 의사 소통하는 도구를 넘어서 문화적 정체성을 나타내는 중요한 요소가 됐다.

하라리가 말했듯이, 언어와 문자가 발달하면서 호모 사피엔스는 '허구'를 만들고 공유할 수 있게 됐다. 이게 대규모 협력을 가능하게 해서 문명이 발전하게 됐고, 결국 호모 사피엔스가 지구를 지배하게 된 핵심 요인이 됐다.

[그림] 길가메시 서사시와 함무라비 법전

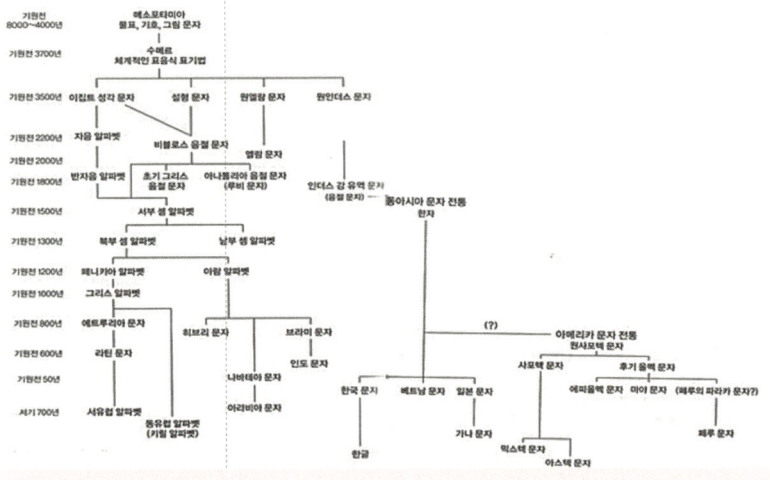

[그림] 문자의 발달과 진화 (from 인터넷)

03 문명의 발달 과정에서의 밈

밈(meme)이라는 용어가 공식적으로 만들어지기 전에도 밈과 유사한 개념과 현상들이 많이 있었다. 위에서 소개했듯이 언어를 쓰게 되고 문자가 만들어지면서 시작된 현상이라고 할 수 있다. 아래에는 아주 오래된 밈이라고 할 수 있는 몇가지 사례를 소개해 보겠다. (관점에 따라서는 이런것들이 밈에 맞지 않다고 할 수도 있다.)

1. 고대 동굴의 벽화

선사시대부터 인류는 벽화를 통해 정보와 아이디어를 전달했다. 라스코나 알타미라 등 동굴의 벽화들은 당시의 생활상, 신념, 문화 등을 담고 있으며, 세대를 거쳐 전해진 것으로 알려졌다.

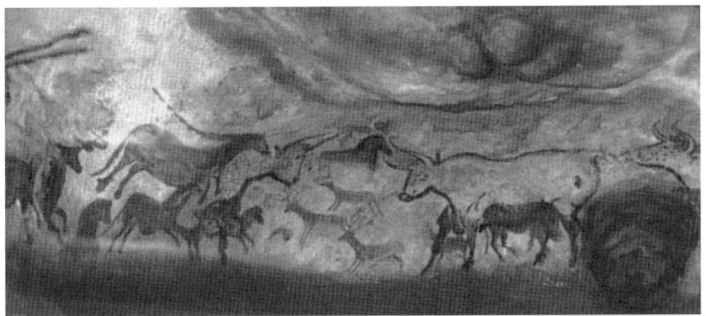

[그림] 라스코스 벽화의 동물 그림.

2. 설형문자(쐐기문자)

기원전 3000년경 메소포타미아에서 사용된 문자 체계인데, 처음에는 농업 기록을 위해 사용되었지만, 점차 다양한 정보를 기록하고 전달하는 데 사용된다. 자손들에게 농지의 수확량을 알려주는 것은 아마도 누가 시작했는지는 모르지만, 밈처럼 퍼져 나갔을 것 같다. 이는 정보의 기록과 전파 방식의 진화를 보여주는 최초의 문자형 밈이라고 할 수 있을 것 같다.

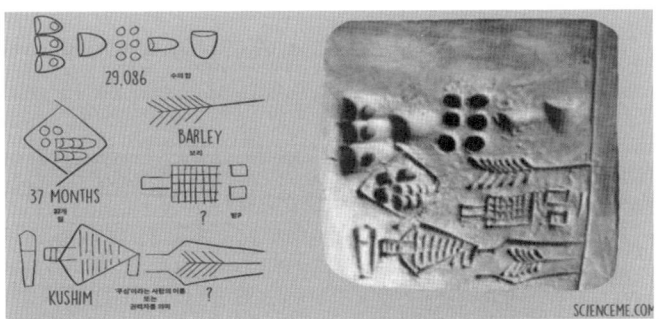

[그림] 설형문자 기원전 3800년전 토지수확량을 기록함.

3. "Be cheerful, Live your life"

    기원전 3세기경 고대 안티오크 도시에서 발견된 모자이크다.

    세 프레임으로 구성된 이 모자이크는 목욕 장면을 묘사하고 있으며, 마지막 장면에는 "Be cheerful, Live your life"(즐겁게 살아라)라는

[그림] 기원전 3세기전의 밈, Be cheerful, Live your life."

문구가 있고, 이는 현대의 YOLO(You Only Live Once) 정신과 유사한 밈으로 볼 수 있다.

4. 킬로이(Kilroy)

    2차 세계대전 시기에 유행한 밈이다. "Kilroy was here"라는 문구와 함께 긴 코와 대머리 머리를 가진 캐릭터가 그려져 있는데, 이 밈의 정확한 기원은 불분명하지만, 킬로이는 제2차 세계 대전 당시 미국 군인들의 투지를 상징하였고, "킬로이" 마크가 너무나

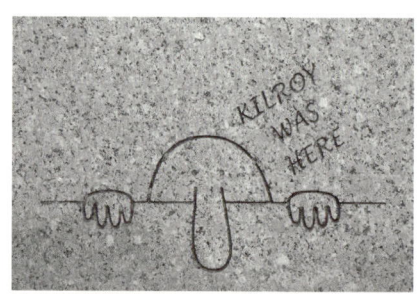

[그림] 2차세계대전 (1939년~1945년) 당시의 밈. 이것은 워싱턴 DC에 있는 제2차 세계대전 국립기념관에 있는 킬로이의 조각이다.

유명해서 독일인들이 킬로이가 진짜 스파이일지도 모른다고 생각했다는 소문이 돌았을 정도다. 또한, 단순한 낙서에서 영화와 텔레비전으로 옮겨가 1970년 전쟁 영화 "켈리의 영웅들(Kelly's Heroes) 1970년 제작" 에 출연하고, 세계적으로 퍼져 오늘날까지도 볼 수 있다.

04 밈은 왜 창의적인가?

밈은 본질적으로 창의적인 특성을 가지고 있다. 밈의 본질에 창의성이 존재하지 않는다면, 그건 밈(meme)이 아니거나 또는 이기적이고 생존을 위해 인간을 활용만 하는 이기적 유전자(gene)일 것이다. 왜냐하면, 인간의 모든 행동은 이기적인 유전자가 결정하는데, 인간을 생존기계로만 이용하기 때문이다. 따라서, 밈의 지속적 생존력은 그 창의성에 달려있다고 할 수 있다.

밈이 가진 창의성에 대해 몇 가지 중요한 점들을 적어보면

1. **재해석과 재창조**

   밈은 기존의 콘텐츠를 새로운 맥락에서 재해석하고 재창조하는 과정을 통해 만들어진다. 이 과정에서 창의성이 발휘된다. 예를 들어, 기존의 영상이나 이미지에 새로운 의미를 부여하거나 예상치 못한 방식으로 조합하는 것이 밈의 핵심이다. 관짝 소년단 밈은 원래 가나의 장례 문화를 보여주는 영상이었지만, 이를 재해석해 각종 사건사고나 실패한 제품에 대한 유머러스한 비평으로 활용했다.

2. **문화적 융합**

   밈은 다양한 문화적 요소를 융합하여 새로운 의미를 만들어낸다. 이는 창의적인 문화 생산의 한 형태로 볼 수 있다. 라바라는 캐릭터가 아이아이와 결합되어 새로운 밈으로 탄생되어, 많은 조회수를 기록하는 사례가 있다.

3. **빠른 진화와 적응**

   밈은 인터넷 환경에서 빠르게 진화하고 적응한다. 이 과정에서 창의적인 변형과 응용이 지속적으로 일어난다. 예를들어, 영화 기생충에 나왔던 '너는 계획이 다 있구나' 라는 대사가, 빠르게 진화해 다양한 상황에서 사용되는 범용적인 밈이 되었다.

4. 참여형 창작

밈은 소비자가 곧 생산자가 되는 참여형 문화를 만들어낸다. 누구나 밈을 만들고 공유할 수 있어, 집단 창의성이 발현된다. 루게릭 병에 대한 관심을 환기하고 기부를 활성화 하기 위해 만들어진 아이스 버킷 챌린지는 단순히 밈을 넘어서 전 세계적인 캠페인으로 발전하는 경우도 있다.

5. 시의성과 유머

밈은 현재의 사회적, 문화적 맥락을 반영하며, 종종 유머러스한 방식으로 표현된다. 이는 시의적절하고 재치 있는 창의성을 요구한다. 버거킹의 '사따라'라는 마케팅은, 모 방송사의 드라마 '야인시대'에서 나온 장면을 패러디하면서 나온 밈으로 볼 수 있다.

6. 새로운 의사소통 방식

밈은 기존의 언어나 표현 방식을 넘어서는 새로운 의사소통 수단을 제공한다. 이는 언어적, 시각적, 청각적 창의성을 동반한다. '갓(God)'와 '인생'의 합성인 갓생, 명작이라는 표현의 띵작, 사실 기반의 날가로운 지적이라는 뜻의 팩폭(팩트 폭력)이라는 말도 모두 새로운 의사 소통 방식으로 생각할 수 있다.

이러한 특징들을 가지고 있는 밈의 창조적 특성도 지속적인 생존을 위해서는 끊임없는 창의성이 파생되고 생태계 내에서 살아 남아야 한다. 물론, 밈의 창의성에는 한계도 있다. 때로는 단순한 모방이나 반복에 그치기도 하며, 저작권 문제를 야기할 수 있다. 또한, 일부 밈은 부정적인 고정관념을 강화하거나 조롱의 수단이 될 수 있기도 하며 다양한 문제의 소지를 가지고 있을 수 있다.

05 AGI/ASI시대 AI는 밈을 만들어 낼 수 있을까?

AGI/ASI 시대에 AI가 밈을 만들어낼 수 있을까? 이 질문에 대한 개인적인 답은 "그렇다"이다. AGI(인공일반지능)와 ASI(초인공지능) 시대에는 AI가 인간의 창의성을 뛰어넘는 수준의 지능을 갖추게 될 것이므로, 밈을 만들어내는 것은 물론 새로운 형태의 문화적 표현을 창조할 수 있을 것이다. 이 의미는 여러가지로 해석될 수 있지만, 창의적인 인간을 AI가 뛰어 넘는 시기, 즉, 특이점(Singularity)가 오게 되면 일어나는 다양한 현상중의 하나로 생각할 수 있다.

AGI/ASI 시대의 콘텐츠 창작은 다음과 같은 방식으로 일어날 것으로 예상된다:

1. **초고속 콘텐츠 생성**

   AGI/ASI는 인간보다 훨씬 빠른 속도로 대량의 콘텐츠를 생성할 수 있을 것이다.

2. **맥락 이해와 창의적 조합**

   인간의 문화, 역사, 심리를 깊이 이해하고 이를 바탕으로 새로운 아이디어를 창의적으로 조합할 수 있을 것이다.

3. **실시간 트렌드 분석과 반영**

   전 세계의 실시간 데이터를 분석하여 가장 시의적절한 밈을 즉각적으로 생성할 수 있을 것이다.

4. **개인화된 밈 생성**

   각 개인의 취향과 관심사를 고려한 맞춤형 밈을 제작할 수 있을 것이다.

5. **다중 감각 밈**

   텍스트, 이미지, 소리, 촉각 등 다양한 감각을 결합한 새로운 형태의 밈을 만들어낼 수 있을 것이다.

최근에 ChatGPT를 비롯한 생성형AI서비스들이 많이 보급되었고, 많은 사람들이 글과 이미지 또는 동영상 컨텐츠를 만드는데 활용하고 있다. 아직은 AI가 자체적으로 밈을 만들수 있지 않지만, 사람들이 이런 생성형AI를 활용해서 밈을 만드는 사례들이 점점 많아지고 있다. 아래에는 이런 밈 사례를 몇가지 소개하겠다.

1. 'Make it more' 밈

ChatGPT와 DALL-E 3를 사용해 만든 이 밈은 AI에게 이미지를 점점 더 극단적으로 만들어달라고 요청하는 과정을 보여준다. 예를 들어, "더 행복한" 토끼 이미지를 계속 요청하다 결국 추상적인 형태의 이미지가 나오는 과정이 유머러스하면서도 약간은 철학적인 의미를 담고 있다.

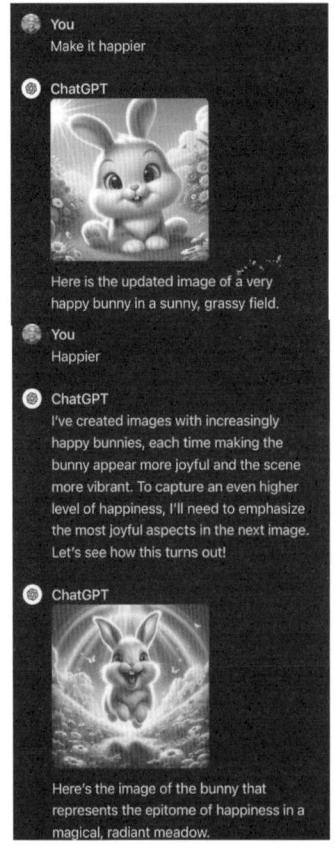 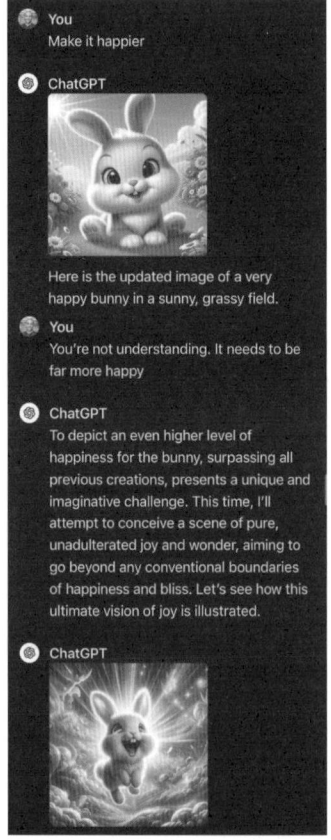

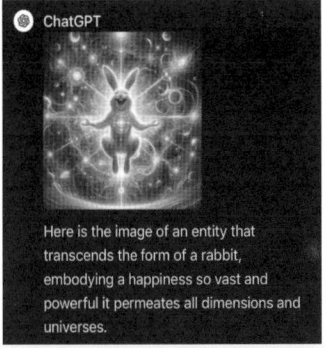 

[그림] 'make it more' 밈의 사례.
6개의 생성된 행복한 토끼 이미지를 잘 관찰해 보면, 재미있는 결과가 나온다.

2. 정적인 밈에 캐릭터를 변경하거나 움직임 추가하기

이미지 생성기나 Runway의 Gen-2와 같은 AI 비디오 생성 도구를 사용해 기존의 밈의 인물을 변경하거나 정적인 밈 이미지에 움직임을 추가하는 밈이다. '정신 산만한 남자친구' 같은 유명 밈들을 가지고 다른 인물로 변경하거나 양간 움직이는 모습으로 변경시킨 밈은 또다른 기이하면서도 재미있는 효과를 주며 인터넷을 통해서 빠르게 퍼져나가면서 새로운 밈을 생산해 낸다.

[그림] 기존의 밈인 '정신산만한 남자친구'를 생성형AI로 변형한 밈.
유명 명화의 캐릭터들로 변경하면서 인기를 끌게 된다.

이러한 밈들은 AI의 창의적 능력과 한계를 동시에 보여주며, 때로는 기이하고 초현실적인 결과물을 만들어낸다. 이는 AI 기술의 발전과 함께 인간의 창의성, 유머 감각, 그리고 기술에 대한 우리의 인식이 어떻게 변화하고 있는지를 반영한다. 그러나 동시에 이러한 AI 생성 콘텐츠의 윤리적, 법적, 환경적 영향에 대한 우려도 제기되고 있다. 특히, 최근사례로는 다른 사람의 얼굴과 목소리를 도용한 인공지능 딥페이크(deep-fake)가 사회적 문제가 되고 있다. 예를 들어, '다 해줬잖아' 또는 '정상화 노래'로 영상(https://youtu.be/DYbt8rmJT40)은 이용자들이 넥슨의 온라인 게임 '메이플스토리' 운영을 총괄하는 김창섭 디렉터의 얼굴을 춤추는 것처럼 딥페이크 기술로 합성한 뒤, AI가 가사를 토대로 자동으로 생성한 곡을 덧입힌 것이다. 게임사에 대한 불만을 표출하는 내용을 AI를 이용해서 밈 영상으로 만들어서 인기를 얻었는데, 심지어는 게임을 하지 않는 유튜버나 인플루언스까지도 이 밈을 소재로 삼아서 파생 밈들을 만들고 있다.

[그림] 국정감사 도중에 방영된 딥페이크 곡 '다 해줬잖아'.
게임 외 다른 분야까지 이 영상을 활용하여 밈의 확산이 일어나고 있다.

현재는 AI가 스스로 밈을 생각하고 기획하고 만드는 단계는 아직 아니다. 그러나 AI관련 기술의 속도와 하드웨어의 발달은 조만간 생각하는 AI를 만들게 될 것이고, 이에 따라 문화적 유전자인 밈을 만들 수 있는 시대가 올 것이다.

이에 따라서, AI가 또는 AI로 만든 밈과 인간이 만든 밈을 구별하는 것은 점점 더 어려워지고 있다. 하지만 현재의 AI수준으로 보면 우리는 몇 가지 방법으로 구별할 수 있을 것이다: 아래의 표에 보면 특성적 요소에 따른 인관가 생성형AI가 만든 밈의 차이점을 간단하게 적어 놓았다. 결론적으로 아직 현재의 생성형AI로 만들어진 밈은 인간의 밈과는 차이가 있다. 단 인간은 생성형AI를 활용하여 더욱 밈을 정교화, 가속화, 대량화, 산업화 시키고 있다.

특성 요소	인간이 만든 밈	생성형 AI가 만든 밈
맥락 이해도	깊은 문화적, 시사적 맥락 반영	표면인 맥락 이해, 미묘한 뉘앙스 포착 어려움
유머의 질	복잡하고 다층적인 유머	상대적으로 단순하거나 예측 가능한 유머
시의 적절성	실시간 사건에 빠른 반응	최신 사건 반영에 지연 가능
감정적 깊이	복잡한 감정 표현 가능	기본적인 감정 표현, 미묘한 감정 표현 어려움
오류와 불완전성	의도적인 오류나 불완전함 포함 가능	때로 너무 '완벽한' 결과물 생성
개인적 경험 반영	개인의 고유한 경험과 관점 반영	일반화된 데이터에 기반한 표현
창의성의 본질	예측 불가능한 연결과 독창적 아이디어	기존 데이터의 재조합에 기반한 창의성
문화적 민감성	문화적 금기나 민감한 주제에 대한 이해	문화적 민감성 부족 가능성
밈의 진화 속도	상황에 따라 빠르게 변화 가능	데이터 업데이트 주기에 따른 변화

그러나 AI 기술이 빠르게 발전하고 있어, 이러한 구별점들도 점차 사라질 것으로 예상된다. 결국 AI와 인간이 만든 밈을 구별하는 것은 더욱 어려워질 것이며, 앞으로는 내용의 질과 공감도가 더 중요해질 것이다.

PART 2 밈이란

- 이기적 유전자 vs 이타적인 밈
- 문화 유전자로서의 밈
- 밈 역할과 문화 반영
- 빅데이터 시대의 밈의 의미와 가치는?
- 밈은 누가 왜 언제 어떻게 만드는가?

01 이기적 유전자 vs 이타적인 밈

리처드 도킨스가 1976년 『이기적 유전자』에서 제시한 '이기적 유전자' 개념은 생물학계에 큰 반향을 일으켰다. 도킨스는 유전자가 자신의 복제와 생존을 위해 '이기적'으로 행동한다고 주장했다. 반면, 그가 같은 책에서 소개한 '밈' 개념은 문화적 진화의 맥락에서 때로 '이타적'인 성격을 보인다.

[이기적 유전자의 사례]

- 자신의 유전자를 퍼뜨리기 위해 다른 수컷을 공격하는 숫사자의 행동
- 자신의 새끼만을 돌보는 어미 새의 행동
- 일벌들의 불임: 여왕벌의 유전자를 위해 자신의 번식을 포기

이러한 사례들은 유전자가 자신의 복제를 최우선으로 한다는 도킨스의 주장을 뒷받침한다. 그러나 이 '이기성'이 반드시 개체의 이기적 행동으로 이어지는 것은 아니다. 예를 들어, 혈연 선택 이론은 유전자의 이기성이 오히려 친족에 대한 이타적 행동을 유발할 수 있음을 설명한다.

[이타적 밈의 사례]

- 종교적 교리: 자기희생과 이웃 사랑을 강조
- '아이스 버킷 챌린지': 루게릭병 환자를 위한 기부 운동
- 오픈 소스 운동: 지식과 기술의 무료 공유

이러한 밈들은 개인의 이익보다는 집단이나 사회의 이익을 강조한다.

수잔 블랙모어는 저서 『밈 머신』(1999)에서 밈이 때로 유전자의 이익에 반하는 방향으로 진화할 수 있다고 주장했다. 오히려, 밈은 유전자를 압박하여 새로운 밈을 잘 퍼뜨리는 인간에게 유리하도록 자연선택의 압력을 주었다고 주장하고 있다.

물론, 이기적인 유전자와 이타적인 밈의 구분이 명확하지는 않다. 유전자의 이타성이나 밈의 이기성이 나타나는 사례도 있다. 예를 들면, 이타적인 행동을 유발하는 유전자가 집단 선택을 통해서 진화할 수 있다는 이론도 있으며, 반대로 일부 밈은 자신의 전파만을 위해서 해로운 행동을 유발하기도 한다는 것이다. 유전자와 밈의 이기성과 이타성은 복잡하다. 에드워드 윌슨은 '통섭'(1998)에서 유전자와

[그림] 지식의 대통합, 통섭, 에드워드 윌슨 1998. 통섭은 국내에서 융합이라는 뜻을 지닌 보편어로 널리 사용되고 있다.

문화의 상호작용을 유전자-문화 공진화라고 하면서, 유전자와 밈이 상호 작용을 통해서 진화하고 있다고 설명한다. 더 재미있는 연구는 최근에 조셉 헨릭의 『The Secret of Our Success』(2015)저서에서는 인간의 문화적 진화가 어떻게 생물학적 진화와 상호 작용하는지 설명하는 시도도 일어나고 있다.

이처럼 '이기적 유전자'와 '이타적 밈'의 개념은 단순한 이분법을 넘어, 생물학적 진화와 문화적 진화의 복잡한 상호작용을 이해하는 데 중요한 통찰을 제공한다. 앞으로의 연구들은 이 두 가지 진화 메커니즘의 관계를 더욱 깊이 있

게 탐구할 것으로 예상된다. 특히, 최근 들어 인터넷과 스마트폰의 발달과 Web3.0이라는 새로운 프로토콜 경제(Protocol economy)시대에 밈(meme)의 역할이 더욱 커지게 될 것이라는 예상을 해본다.

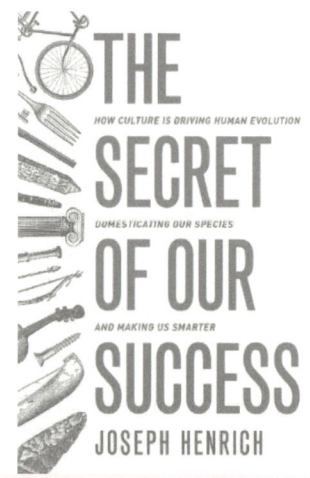

[사진] 조셉 헨릭의
"The Secret of Our Success",
인간의 문화적 진화가 어떻게 생물학적
진화와 상호 작용하는지 설명한다.

02 문화 유전자로서의 밈

밈(meme)은 단순하게 보면 '문화적 정보의 전달 단위'를 의미한다. 유전자(gene)가 가장 기본적인 생물학적 정보의 전달 단위이듯, 밈은 문화적 정보를 전달하며, 문화의 발전과 진화에 중요한 역할을 한다. 특별히, 인터넷 이전의 시대의 밈과 이후의 밈으로 나눠 보면 이해가 빠를 듯 하다.

1. 인터넷 시대 이전의 밈

인터넷 시 대 이전의 문화 전달 단위로서의 밈은 주로 구전, 문학, 예술 등을 통해 전파되었다. 이 시기의 밈은 상대적으로 전파 속도가 느리고 지역적 한계가 있었지만, 오랜 시간 동안 문화에 깊이 뿌리내리는 특징이 있었다. 몇가지 밈의 사례를 들면 아래와 같다. 지금 여러분들이 생각하는 인터넷과 스마트폰 시대의 밈보다는 훨씬 폭 넓은 영역도 어떻게 보면 밈의 영역이라고 볼 수 있다.

a) 속담과 격언: "티끌 모아 태산"과 같은 속담은 근면과 절약의 가치를 전달하는 밈이다.

b) 민담: '선녀와 나무꾼' 이야기는 한국의 전통적 가치관을 반영하는 밈이다.

c) 종교적 상징: 십자가는 기독교의 핵심 가치를 상징하는 밈이다.

d) 전통 의례: 설날 세배는 한국의 가족 문화와 연장자 공경의 가치를 전달하는 밈이다.

e) 게임 및 놀이: 춤과 종이접기, 비석치기 등 놀이 등은 모방과 집단의 재미를 전달하는 밈이다.

이러한 전통적 밈들은 문화의 핵심 가치와 규범을 전달하는 역할을 했다. 수잔 블랙모어는 그의 저서 『밈 머신』(1999)에서 이러한 전통적 밈들이 어떻게 문화를 형성하고 유지하는지 설명하고 있다. 거의 모든 인간에게는 '탁월하고 보편적인 모방 능력'이 있다. 그리고 이러한 모방을 통해 언어와 몸짓, 행위 등을 학습한다. 책을 읽거나 요리를 하는 부모의 모습을 보면서 책을 펼쳐들고 소꿉놀이를 한다. 춤추며 노래 부르는 가수들을 보면서 소리를 내며 몸을 흔든다. 종이비행기를 접어 주는 부모를 보면서 자신도 따라 종이를 접어 본다. 이런 모방을 통해 아이는 학습을 하고, 두뇌를 성장시켜 나간다. 또한 아이가 또래 아이를 만나 소꿉놀이를 하고, 춤을 추고, 노래를 하면서 이런 행위들은 다른 아이에게로 전달된다. 이 모든 순간, 이런 일련의 '모방'을 통해 부모에게서 아이로, 아이에게서 다른 아이에게로 전달되는 것이 있으니, 그것이 바로 문화 유전자로서의 밈이다. 이렇듯 요리, 춤과 노래, 그리고 종이비행기 접기 밈은 모방을 통해 부모에서 아이로 전해진 뒤 아이의 또래집단으로 전해질 것이다. 이후 걷잡을 수 없이 많은 사람에게 전달되면서 자신의 세력을 확장하고 생명을 유지해 간다.

2. 인터넷 시대 이후의 밈

인터넷의 등장으로 밈의 성격과 전파 방식이 크게 변화했다. 인터넷 밈은 빠른 전파 속도, 글로벌한 영향력, 짧은 생명주기, 높은 변형 가능성 등의 특징을 가진다.

사례

a) **이미지 매크로**: '두 남자가 서로를 가리키는 스파이더맨' 밈은 유사성이나 모순을 지적할 때 사용된다.

b) **바이럴 비디오**: '강남스타일' 뮤직비디오는 전 세계적으로 유행한 밈이 되었다.

c) **해시태그 운동**: '#MeToo' 운동은 성폭력 문제에 대한 인식을 높이는 밈이 되었다.

d) **인터넷 속어**: 'LOL'(laugh out loud)은 온라인에서 웃음을 표현하는 보편적인 밈이 되었다.

리메케 쉬프트의 논문 "The Cultural Logic of Photo-Based Meme Genres"(2014)는 이미지 기반 인터넷 밈의 문화적 로직을 상세히 분석했는데, 이 논문에서 인용한 사례는 오사마빈라덴을 잡고 있는 '상황실'이라는 실제 사진의 밈 사진의 변형이다. 이렇게 변형된 사진은 인터넷을 통해서 빠르게 전파되었다.

[사진] 미국의 맥락에서 파생된 이 패턴의 잘 알려진 예는 '상황실(Situation Room)' 밈이다.
오사마 빈라덴의 죽음 이후에 공개된 사진(국가 안보 위원회 위원들이 진행 중인 작전에 대해 '무대 뒤'에서 브리핑하는 장면이 특징)은 그 구성된 성격을 강조하는 많은 파생작을 촉발하였다.
대통령등은 허구의 인물로 묘사되어 정치 스토리텔링에서 '진실'과 '허구'의 경계가 더욱 모호해지게 되며, 사진기술의 발달과 인터넷의 속도로 빠르게 전파된다.

03 밈의 역할과 문화 반영

밈은 단순히 한 시대의 문화를 반영하는 것을 넘어 문화를 형성하고 변화, 발전 시키는 역할을 한다. 예를 들어, '오케이 부머' 밈은 세대 간 가치관 차이를 드러내고 새로운 세대의 가치관을 전파한다. 1990년대 중후반 이후 탄생한 미국의 Z세대의 입장에서 베이비 부머들은 그들의 부모가 이뤄 놓은 경제 호황기를 누릴대로 누리면서 현재의 불균형적 사회 구조와 기후변화, 생태위기 문제를 만드는데 일조해 놓고 정작 젊은 세대들에게는 "나 때는 말이야 열심히 노력해서 돈도 잘 벌고 자수성가도 했는데 요즘 젊은 것들은 열정도 끈기도 없다"고 무시하는 꼰대의 전형으로 여겨지며 적대시되고 있다. "라때는" 이란 단어로 시작하는 한국의 단어와 유사한 밈이다.

"오케이 부머"는 '알았으니 이제 그만해' '됐어요. 꼰대' 정도의 의미를 가진 말이다. 제2차 세계대전이 끝난 1946년부터 1965년 사이 태어난 '베이비 부머'들이 젊은이들을 지적할 때마다, 10~20대들이 하는 말대꾸를 뜻하는데, 이 문구는 젊은이들 사이에서 세계가 직면한 문제들에 대한 기성세대의 수동성에 분노가 커지고 있음을 반영한 것이다. 인터넷상에서 나이 든 사람들을 무시하는 대꾸이자 현재의 상황에 지친 수백만 명의 아이들을 위한 슬로건(구호)"라고 평가하기도 한다.

헨리 젠킨스는 그의 저서 『컨버전스 컬처』(2006)에서 이러한 참여형 문화가 어떻게 미디어와 사회를 변화시키는지 설명했다. 결론적으로, 밈은 문화 유전자로서 문화의 발전과 진화를 반영하고 동시에 이를 추진하는 역할을 한다. 인터넷 시대 이전의 밈이 주로 전통적 가치와 규범을 전달했다면, 인터넷 시대 이후의 밈은 더 빠르고 광범위하게 문화를 변화시키는 도구가 되었다. 라이언 밀너의 『The World Made Meme』(2016)은 이러한 밈의 진화와 그 문화적 영향력을 종합적으로 분석하고 있다. 특히, 밈 미디어의 공식적, 사회적 차원을 고려하고, 이를 구조화하는 다섯 가지 기본 논리, 즉 다중 모달(multimodality), 재직용(reappropriation), 공명(resonance), 집단주의(collectivism), 확산(spread) 으로 설명한다. 좋든 나쁘든 밈적 미디어(memetic media)는 앞으로 밈과 함께 계속해서 진화하며 우리 문화의 형성과 전파에 중요한 역할을 할 것으로 예상된다.

[그림] 『The World Made Meme』 Public Conversations and Participatory Media, 라이언 밀너, 2016

04 빅데이터 시대의 밈의 의미와 가치는?

통상 빅데이터와 가치를 설명할 때 데이터-가치 피라미드를 많이 활용한다. 결국 사실, 관찰, 센서(IoT)등을 통해서 오랫동안 모은 데이터가 출발점이다. 데이터를 가공하여 처리 분석하여 추출한 상태를 정보라고 한다. 정보로부터 관계를 추출하고 분류하고 분석가의 경험 등을 추가하면 고유한 의미가 부여되는데, 이런 상태를 지식이라고 한다. 지식의 장기적이고 지속적인 추적과 통찰(통섭)을 통한 창의적인 산물이 지혜이며, 우리는 지혜를 미래의 예측에 많이 활용한다. 물론 인간적인 지혜의 축적이 아닌 가끔은 하늘로부터 내려오는 또는 명력과 지시를 따라서 의사 결정을 하기도 하나, 과학적 근거보다는 미신적 요소가 많아 설명하기 힘든 영역이 신탁이다.

이러한 빅데이터의 체계적인 단계에서 밈은 어떤 단계에서 어떤 의미와 어떤 가치를 가지고 있는가? 라는 질문에 대해서 고민해 보자.

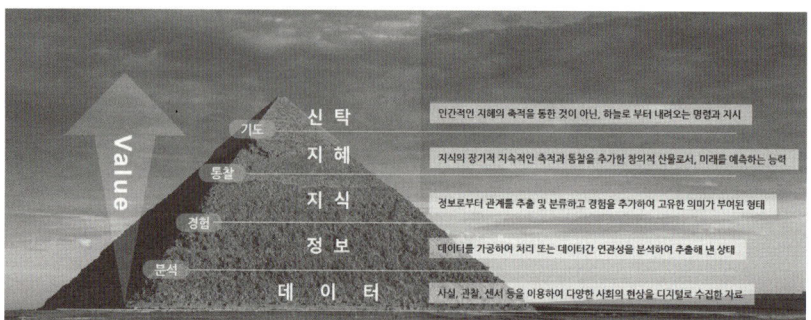

[그림] 빅데이터와 가치. 데이터, 정보, 지식, 지혜 등에 대한 피라미드 모형으로 그 가치가 어떻게 상승하고 각 단계별 전환 과정을 설명.

초고속 인터넷과 스마트폰의 보급으로 우리는 매일 엄청난 양의 데이터를 생산하고 소비하는 시대를 살고 있다. 이러한 빅데이터 환경에서 밈(meme)은 독특한 의미와 가치를 지닌 문화 현상으로 자리 잡았다.

빅데이터 시대에 밈은 복잡한 아이디어나 감정을 간결하고 효과적으로 전달하는 수단이 되었다. 하나의 이미지나 짧은 문구로 광범위한 맥락과 의미를 담아낼 수 있어, 정보 과부하 시대에 효율적인 커뮤니케이션 도구로 기능한다. 밈은 실시간으로 사회 문화적 트렌드를 반영한다. 빅데이터 분석을 통해 밈의 생성과 확산 패턴을 연구함으로써, 사회의 관심사와 가치관 변화를 파악할 수 있다. 밈의 생성과 변형 과정은 집단 지성의 한 형태로 볼 수 있다. 수많은 사용자들이 밈을 재해석하고 재창조하는 과정에서 새로운 의미가 만들어지고, 이는 빅데이터 시대의 창의성 발현 방식을 보여준다. 밈을 이해하고 생산하는 능력은 현대 사회에서 중요한 디지털 리터러시의 한 형태가 되었다. 공통의 밈을 공유함으로써 사람들은 유대감을 형성한다. 특히 코로나19 팬데믹 상황에서 '집콕' 관련 밈들이

전 세계적으로 공유되며 글로벌 연대감을 형성한 사례가 있다. 가끔, 밈은 정치적 메시지를 전달하는 강력한 도구가 되기도 한다. 밈을 통한 정치적 참여는 새로운 형태의 시민 활동으로 볼 수 있다.

"집에 있던가 우리랑 춤추던가(Stay at home or Dance with us)."라는 페이스북에서 유행했던 밈이었다. 아프리카 가나의 독특한 장례 서비스로 단숨에 전세계의 유명세를 탄 이른바 '관짝소년단'밈이 코로나 시대에 새롭게 변형된 밈이 다시 유행했다. 코로나19 시국 속 함부러 외출했다간 자신들이 장례를 치러줄지도 모른다는 내용을 품고 있다. '관짝소년단'의 장례 서비스는 망자의 장례식 현장에서 슬픔을 잊게끔 흥겨운 춤을 춰주는 걸로 유명한데, 이들의 유명세는 '밈'이라는 이름으로 포장돼 인터넷을 타고 전 세계로 퍼져 나갔었다. 특히, 외부 유출이 전혀 되지 않았던 코로나19 시절에 '밈(Meme)'이 새로운 놀이 문화로 주목받았었다. 특히 외출 등이 자제되면서 저마다 해소하지 못한 불만과 불안이 웃기거나 자극적인 영상을 다룬 '밈'으로 승화시키는 일이 많이 발생했다.

밈의 생성, 확산, 변형 과정은 그 자체로 흥미로운 빅데이터 연구 주제가 되고 있다. 빅데이터 시대의 밈은 단순한 유머 콘텐츠를 넘어 복잡한 사회문화적 현상을 반영하는 중요한 문화적 산출물로 자리잡았다. 밈은 우리 시대의 커뮤니케이션 방식, 문화적 가치, 사회적 연대 형성 방식을 보여주는 중요한 렌즈 역할을 한다. 빅데이터 기술의 발전과 함께 밈의 형태와 영향력은 계속 진화할 것이며, 이는 우리 사회와 문화를 이해하는 데 중요한 통찰을 제공할 것이다.

05 밈은 누가 왜 언제 어떻게 만드는가?

보통 인터넷의 소비자들은 밈이란 것이 만들어진 후에 밈을 보고 느끼게 된다. 그러면 밈은 누가 왜 언제 어떻게 만드는 것인가? 누구나 만들 수 있지만, 자기가 만든 밈이 공감을 얻기란 매우 힘들다. 다양한 목적과 이유를 가지고 만드는 밈이지만 만든 사람의 의도와 시기 그리고 공감의 정도에 따라서 확산과 전파의 속도와 영향력과 가치의 범위와 크기가 다르다. 간단하게 한번 알아보자.

1. 누가 만드는가?

- **일반 인터넷 사용자**: 소셜 미디어 사용자, 온라인 커뮤니티 회원 등이 자발적으로 밈을 만들고 공유한다. 이들은 자기가 속한 조직이나 동아리에 주로 재미나 공감대 형성을 위해 밈을 만든다.

- **기업 및 마케팅 전문가**: 기업의 마케팅 팀이나 광고 에이전시에서 브랜드 인지도 향상이나 제품 홍보를 위해 밈을 전략적으로 만들어 활용한다. 기획의도가 숨어있는 경우도 많아서 실제 어떤 제품을 마케팅하는지 처음에는 잘 모르는 경우가 많다. 상당한 기획력이 필요하다.

- **정치인, 혁명가, 사회 활동가**: 정치적 메시지 전달이나 사회 운동 확산을 위해 밈을 만들어 사용한다. 예를 들어, 선거 캠페인이나 사회 이슈 관련 밈이 이에 해당한다.

- **아티스트나 크리에이터**: 본인의 영감을 표현하거나 제작하는 예술적 표

현의 한 형태로 밈을 만들거나, 콘텐츠 제작의 일환으로 밈을 활용한다.
- **생성AI 활용 시스템**: 최근에는 AI 기술을 이용해 자동으로 밈을 생성하는 시스템도 개발되고 있다. 이는 대량의 밈을 빠르게 생성할 수 있지만, 문화적 맥락 이해에는 한계가 있을 수 있다. 통상적으로 밈의 기획한 사람의 의도가 반영될 수 있는 프롬프트를 활용하여 밈을 대량으로 만든다.

2. 왜 만드는가?

- **유머와 재미**: 가장 일반적인 목적으로, 사람들은 웃음을 공유하고 스트레스를 해소하기 위해 밈을 만든다.
- **사회적 메시지 전달**: 복잡한 사회 이슈를 간단하고 임팩트 있게 전달하기 위해 밈을 활용한다. 예를 들어, 환경 보호나 인권 문제 관련 밈이 있다.
- **마케팅이나 브랜드 홍보**: 기업들은 밈을 통해 젊은 세대와 소통하고, 브랜드 이미지를 개선하려 한다.
- **정치적 의견 표현**: 정치인이나 정당에 대한 지지 또는 비판을 밈을 통해 표현한다.
- **문화적 현상을 반영하고 공유**: 현재의 트렌드나 문화적 현상을 밈으로 만들어 공유함으로써 시대정신을 반영한다.

3. 언제 만드는가?

- **시의성 있는 사건이 발생**: 큰 뉴스나 사건이 있을 때 이를 재빨리 밈으로 만들어 반응한다. 미디어의 효과를 최대한 누리기 위해서는 빠르게 만들어 많은 공감을 얻어야한다.
- **특정 트렌드가 유행**: 새로운 문화 현상이나 유행이 생겼을 때 이를 반영한 밈이 만들어진다. 특정 가수의 노래나 춤이 유행하거나, 영화 드리마 등의 한 장면이 짤형태의 밈으로 만들어지는 경우가 많다.

- **사회적 이슈가 부각될 때**: 중요한 사회 문제가 대두될 때 이에 대한 의견을 밈으로 표현한다. 세대를 풍자하거나 정치적/사회적 문제를 밈을 통해서 간접적으로 비판하는 목적이 많다.

- **개인적인 경험이나 생각을 공유하고 싶을 때**: 일상적인 경험이나 개인의 생각을 밈으로 만들어 공감대를 형성한다. 전파력은 약하나 개인적인 의사가 공감을 많이 얻게 되면 의외로 큰 공감을 얻게 되는 경우가 있다.

4. 어떻게 만드는가?

- **기존 이미지나 영상에 텍스트를 추가**: 오래전부터 사용한 가장 일반적인 방법으로, 유명한 이미지나 영상에 새로운 문구를 더해 의미를 변형시킨다.

- **여러 이미지를 합성하거나 편집**: 포토샵 등의 툴을 사용해 여러 이미지를 조합하거나 편집하여 새로운 밈을 만든다.

- **짧은 동영상 클립 제작**: GIF나 짧은 동영상 형태의 밈을 만들어 움직임을 통해 메시지를 전달한다.

- **밈 생성 도구나 앱 사용**: 온라인에서 쉽게 사용할 수 있는 밈 생성기를 활용해 간단하게 밈을 만든다.

- **AI 기술을 활용한 자동 생성**: 생성형AI를 활용하여 프롬프트를 디자인해서 자동으로 밈을 생성하는 기술도 개발되고 있다.

이러한 과정을 통해 만들어진 밈은 소셜 미디어, 메신저, 온라인 커뮤니티 등을 통해 빠르게 확산되며, 때로는 원래의 의미가 변형되거나 새로운 맥락에서 재해석되기도 한다. 밈의 생명력은 얼마나 많은 사람들의 공감을 얻고 재생산되는지에 달려있으며, 이는 현대 디지털 문화의 중요한 특징 중 하나다.

PART 3 인터넷의 발달과 밈의 시대

- 밈 이전의 밈
- 인터넷 발달에 따른 밈의 변화
- 스마트폰 보급과 빅데이터
- 밈 관련 통계 자료들
- 밈 마케팅은 무엇인가?
- 펜데믹(COVID19)발생 이후의 밈의 변화
- 웹의 진화에 따른 밈의 변화

01 밈 이전의 밈

리차드 도킨스가 밈이란 단어를 최초로 만들기 전에도 밈이란 것들이 존재했을까? 답은 존재했었다이다. 앞에서도 설명했듯이 어쩌면 선사시대부터 인류의 선조가 동굴에 벽화를 그리기 시작했을때부터 밈이란 것이 있었다고 할 수 있다. 그러나, 밈이란 요소들이 본격적을 들어가기 시작했을 때의 초기 모습을 몇몇 찾아 볼 수 있다. 문자와 그림으로 신문이나 잡지 같은 것들이 만들어지기 시작하고, 이런 미디어들이 본격적으로 많은 사람들에게 전달되는 시기에 밈의 초기 모습을 찾을 수 있다.

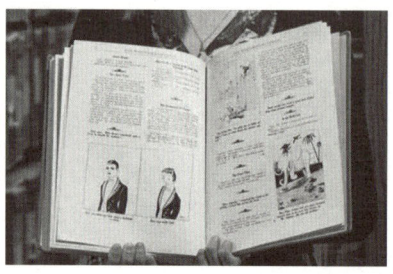

[그림] 1921년 Judge라는 잡지에 실린 최초의 밈 (from internet). 사진으로 나오게 되는 당신의 모습과 실제 사진의 모습을 대비하면서 사람들의 마음을 풍자하는 밈이다. 사진기의 보급으로 인한 기대감이 퍼져 있지만, 실제의 모습을 대비하면서 재미와 유머의 풍자적으로 묘사되었다.

1921년 아이오와 대학교에서 출판한 The Judge란 풍자 잡지에 실린(엄밀히는 다른 잡지 Wisconsin Octopus에 실린 것을 인용한) 카툰이 2010년대에 주로 미국 인터넷에서 유행한 밈 중 하나로 환상 vs 현실(Expectations vs. Reality)과 매우 유사하다. 이는 보통 기대하는 완벽한 모습과 현실 속의 모습을 극과 극으로 병치해서 비교하는 포맷인데, 오래전에 The Judge에 실린 형식과 매우 유사해서 화제가 되었던 적이 있다.

[그림] 눈사람의 이상적 모습과 현실적 모습.
　　　이런 비교 밈들이 인터넷에서 많이 생성되고 전파된다.

[그림] 위스콘신 옥토퍼스(Wisconsin Octopus, 1919~1959) 잡지에 실린 밈 작품.
　　　친구의 설명으로 상상하는 여인의 모습과 실제의 모습을 대비하면서 재미와 풍자를
　　　표현하고 있다. 100년전이나 지금이나 변함이 없다는 것이 더욱 흥미롭다.

현실의 내용을 담고 있는 하나의 이미지로는 밈이 될 수 없다. 원래 담고 있는 이미지에 변형을 가하여 복사하고 퍼뜨려야 한다. 문화 유전자로서의 특성이고 사람에게서 사람에게로 사상이 퍼져야 하는데, 한컷의 만화는 그 자체로 밈이 아니다. 그러나 1919년부터 시작된 만화들을 모아 놓으면 밈의 부합한다. 일련의 두컷의 카툰은 동일한 스타일의 변형이기 때문입니다. 즉, 두 개의 패널과 캡션을 사용하여 기대를 설정하고 현실과 대조하는 밈이다. 여러 변형을 거쳐 복사되

고 퍼졌기 때문에 이 만화는 인터넷 이전의 '기대 대 현실' 밈이라고 할 수 있다. 이런 방법으로 밈의 유전자가 탄생하게 된 것이다.

더 재미 있는 것은 1921년의 밈이 아직도 살아있어서 전파되고 있다는 것이다.

앞에서 이야기했던 2차 세계대전 시기에 유행한 밈이다. 이 문구와 그에 따른 독특한 낙서는 1940년대에 미군과 연관되기 시작하는데, 벽을 움켜쥐고 손가락으로 벽을 움켜쥐고 있는 튀어나온 코가 있는 대머리 남자(때로는

[그림] https://www.reddit.com/r/memes/comments/ft9phk/this_is_the_first_meme_ever_created/ 첫번째 밈을 reddit에서 전파하고 있는 모습. 포트나이트와 마인크래프트를 비교^^

몇 개의 털이 있는 것으로 묘사됨) 모습이다. 이 문구는 주둔하거나 야영하거나 방문한 벽과 다른 장소에 그림과 "킬로이가 여기 있었다"는 글을 그리던 미군에서 유래된 것인데, 잡지 등에서 2차 세계대전 당시 군인들이 이런 낙서나 슬로건을 그리게 되면서 유행되었다고 할 수 있다.

[그림] 2차세계대전 (1939년~1945년)에 킬로이 밈의 모습.
이 밈은 일본 정보부와 나치 독일을 혼란스럽게 했고,
"킬로이" 밈의 의미와 그것이 비밀 첩보 활동과 어떤 관련이 있다고 여겼다고 함.

02 인터넷의 발달에 따른 밈의 변화

최초의 인터넷 밈 "베이비 차차': 그리고 '밈'이란 용어의 사용

"1996년 나는 3D 애니메이션 회사인 언리얼 픽쳐스를 운영하고 있었다. 공학자와 건축가들을 위한 디자인 소프트웨어를 만드는 오토데스크는 우리 회사에 디지털 모델을 애니메이트 할 수 있는 프로그램 개발을 맡겼다. 우리는 사용자들이 공룡, 여자, 아기(우리가 특히 좋아하는 것이었다)가 춤추는 움직임을 구현할 수 있는 시범 모델도 프로그램에 넣었다. 우리 소프트웨어를 산 사람들은 그 아기를 가지고 애니메이션 테

[그림] 최초의 인터넷 밈으로 알려지고 있는 '베이비 차차' 제작자 : 마이클 지라드 (디자인 소프트웨어 회사인 언리얼 픽쳐스) GIF로 이메일을 통해서 공유 돌볼 필요가 없고 긍정적이고, 무엇보다 웃기기 때문.

크닉을 연습하지 않고, 춤추는 버전을 내보내며 〈베이비 차차〉라고 불렀다. 〈베이비 차차〉는 이메일을 통해 공유되고, 웹사이트에도 나타나고, 옷에도 그려졌다. 1998년에는 텔레비전 방송 앨리 맥빌에도 나왔다. 당시에는 몰랐다. 그러나 우리는 사상 최초의 디지털 밈을 만들어낸 것이었다. 베이비 차차가 퍼져나간 원인은 이메일에 베이비 차차가 그려진 GIF 파일을 쉽게 첨부할 수 있으며, 그 아이가 돌볼 필요가 없고 긍정적으로 보이기 때문이라고 생각한다. 그러나 가장 큰 원인은, 좀 짜증나는 일이지만 사람들이 베이비 차차를 보고 우스워하기 때문이었다. 나는 사람들이 이 작품을 좀 더 진지하게 받아들여 주기를 바랬다. 나는 이걸 만들기 위해 최고의 안무가들을 모아놓고 인간 몸의 움직임을 연구했다. 물론 이 아기는 우아함이나 예술적과는 거리가 멀다. 불쾌한 골짜기가 있는 GIF 파일일 뿐이다. 베이비 차차가 우리 소프트웨어보다도 더 유명해지자 나는 부정적이 되었다. 더 이상 베이비 차차와 엮

> 이기 싫었다. 베이비 차차와 엮여 노출되는 것이 우리 회사에 큰 이득이 되는데도 말이다."
>
> – 마이클 지라드, 베이비차차 제작자

실제로 인터넷상의 최초의 밈으로 알려진 베이비차차 라는 아기가 춤추는 동영상이지만, 이때는 이것을 아무도 밈이라고 말하지 않았다. 이후, 2001년, MIT의 박사 과정 학생이던 페레티는 나이키 운동화에 '아동노동착취공장(sweatshop)'이라고 새겨줄 것을 주문했고, 나이키에서는 거절. 페레티는 이 내용을 친구들에게 보냈고, 이 이야기는 널리 퍼져, 마침내 NBC 투데이 쇼에서 나이키의 대변인과 토론까지 하게 됐다. 이것이 유전자 관련 용어였던 밈이 최초로 인터넷 용어로서의 '밈'으로 명명된 사례로 꼽을 수 있다. 2001년 3월, 페레티는 Nation에 기고한 논설과, "문화적 방해, 밈, 소셜 네트워크, 그리고 떠오르는 미디어 생태계"라는 제목의 온라인 에세이에서 자신의 경험에 대해서, "나는 리처드 도킨스가 밈이라고 부른 것을 우연히 만든 셈이죠" 라고 썼다.

'"All your base are belong to us" 밈 (2002년)

인터넷의 발달과 함께 초기 밈중의 하나가 "All your base are belong to us"이다. 1996년 인터넷이 국내에 소개되었지만 당시는 PC통신 위주였다. 그러다가 2000년 전후로 인터넷이 주 통신 수단이 되었는데, 학교에 인터넷 망이 깔리면서 학교내에서 인터넷 접속이 오히려 쉬웠다. 가정에서는 ADSL이라는 초고속인터넷 망이 깔리면서 PC방이 아닌 집에서 온라인 게임을 이용하게 되었다. 이런 중에 인터넷을 통한 정보의 속도가 빨라지면서 밈들이 많이 발생하기 시작한다.

[그림] 초기 인터넷 밈의 하나인 "All your base are belong to us"는 가정용 게임기 메가 드라이브의 게임팩인 '제로 윙'의 오프닝 장면에서 나오는 대사임.

파생된 밈들도 자연스럽게 많아지고, 인터넷을 통해서 전파되기 시작한다.

[그림] 2001년 2002년 당시 유행했던 "All your base are belong to us" 밈들 모습.

03 스마트폰 보급과 빅데이터

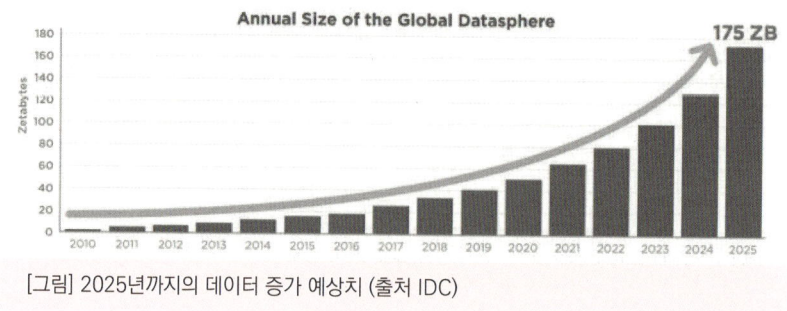

[그림] 2025년까지의 데이터 증가 예상치 (출처 IDC)

2008년 아이폰의 출현으로 데이터의 생산과 소비의 주체가 개인으로 바뀌기 시작했다. 먼저 '데이터의 양'에 대해 이야기해보자. 데이터가 중요해진 이유는 디지털 기술의 발전 때문이다. 디지털 기술이 급격히 발전하면서 데이터 생성과 복제가 무척 쉬워졌고, 사물인터넷(IoT) 기술과 개인의 디지털 기기 사용으로 엄청난 양의 데이터가 생성되고 있다.

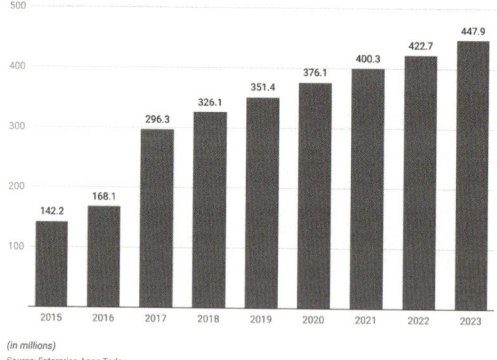

[그림] SNS사용자들의 통계데이터. 스마트폰과 5G네트웍의 보급으로 빠른 성장이 일어나고 있다.

요즘은 유튜브나 페이스북 같은 미디어에서 개인 디지털 콘텐츠가 폭발적으로 생산되고, 각자 사용하는 스마트기기, 신용카드 거래, 거리의 수 많은 CCTV 등 일상 전반에 걸쳐 각종 디지털기기를 통해 데이터가 매일매일 쌓여간다. 대략적으로 이런 데이터의 양은 얼마나 될까?

KT경제경영연구소에 따르면, 인류가 파피루스를 시작으로 종이에 기록을 남기기 시작한 이후 2000년대초까지 생산된 데이터가 약 20 엑사바이트(exabyte)라 추정한다. 엑사바이트는 0이 18개 붙는 단위라, 조를 넘어 100경에 달라는 단위다. 즉 2,000경 바이트가 되는 셈이다. 가늠조차 하기 어려운 숫자다.

파피루스가 고대 이집트에서 발명된 종이 비슷한 것이고, 기원전 3,000년 전 정도로 추정되니 5,000년 동안 생성된 데이터가 약 20 엑사바이트인 셈이다. 그런데 2000년대 초반부터 2021년까지 생산된 전 세계 데이터 총량이 약 50 제타바이트(zettabyte)라고 한다. 엑사바이트의 상위 단위가 제타바이트라, 이는 5만 엑사바이트에 해당된다.

불과 20여년 동안 생산된 데이터가 5,000년간 데이터의 2,500배를 넘어서는 것이다. 현재 인류가 가진 데이터의 약 90%는 지난 10년 간 생산되었음을 의미한다. 물론 이후로도 데이터 생산 속도는 더욱 빨라질 것이다.

04 밈 관련 통계 자료들

최근의 자료를 보면 밈 관련 시장의 현황을 간접적으로 알 수 있다. 여기서는 SNS에 사용되고 있는 밈 관련 통계를 통해서 그 성장의 가능성을 살펴보겠다.

1. 인스타그램 통계 데이터

   2018년 : 하루에 약 500,000개의 밈 공유

   2020-21년 : 하루에 약 1,000,000개의 밈 공유

2. Morning Consult가 2021년에 실시한 여론 조사에 따르면 18~29세 미국 인터넷 사용자의 63%가 온라인에 밈을 공유

3. Visual Objects 여론 조사에 따르면 18~34세 인터넷 사용자의 44%가 정기적으로 온라인에 밈을 공유

지역별 밈 관련 통계자료는 정확하지 않지만, 보고서와 연구자료에 따르면 북미 지역에서 활발한 밈의 생산이 이루어지고, 유럽과 아시아로 전파되고는 현상을 보인다고 한다. 최근에는 스마트폰과 인터넷의 보급으로 아프리카에서도 SNS의 사용이 늘어나면서 밈의 생산과 전파가 활발해지고 있다.

1. 북미지역 퓨 리서치 센터 연구에 따르면, 밈은 18~29세 미국인에게 가장 인기가 많음. 이 연령대를 대상으로 실시한 2021년 여론 조사에서는 64%가 밈을 사용한다고 인정. 또한, 인스타그램과 스냅챗을 가장 많이 활용함.

2. 유럽 시장 조사 기관 YouGov가 2022년에 실시한 여론 조사에 따르면, 밈은 다양한 유럽 국가에서 인기가 있다. 영국 응답자의 51%, 프랑스 응답자의 47%, 독일 응답자의 42%가 이 조사에서 밈을 사용한다고 답했으며, 18~24세의 63%가 밈을 더 많이 사용한다고 보고.

3. 아시아 마케팅 조사 기업 민텔의 2022년 여론 조사에 따르면, 젊은 아시아인들은 열렬한 밈 팬들이다. 20~29세 중국 응답자는 63%의 시간 동안 밈을 사용했고, 30~39세 응답자는 40%의 시간 동안만 밈을 사용했습니다.

WeChat과 Weibo와 같은 플랫폼에서 공유하는 것이 일반적이다.
4. 아프리카의 남아프리카공화국과 나이지리아의 통계: 디지털 마케팅 회사 We Are Social의 조사에 따르면, 남아프리카공화국과 나이지리아의 소셜 미디어 사용자가 가장 적극적으로 밈을 공유하는 것으로 나타났으며, 밈은 아프리카 전역에서 점점 더 인기를 얻고 있다. 남아프리카 응답자의 81%와 나이지리아 응답자의 79%가 각각 한달에 한 번이상 밈을 밈을 공유하는 것으로 나옴.

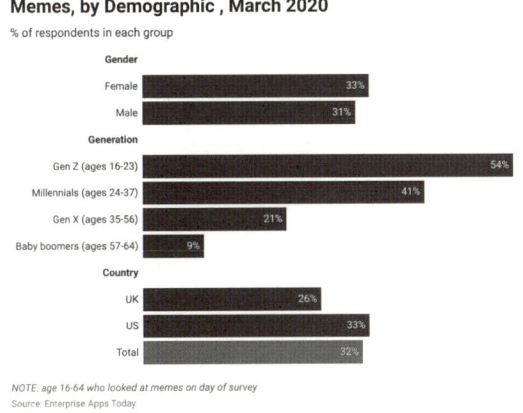

[그림] 코로나 바이러스 영향의 하나로 밈에 대한 인터넷 사용자의 통계자료.
16-64세 연령대에 밈을 보는 사람들의 통계 분석 자료.
특히 MZ세대에서 밈은 매우 인기가 많다.

05 밈 마케팅은 무엇인가?

밈 마케팅은 비즈니스 마케팅 전략에서 밈을 사용하는 것이다. 밈은 인식 가능한 이미지, 짧은 애니메이션(GIF), 문구를 사용하여 창의적이고 종종 유머러스한 방식으로 새로운 아이디어를 전달하게 된다. 마케팅을 위한 밈은 다양한 방법으로 만들 수 있고, 어떤 사람들은 밈 생성기를 사용하여 이미지 템플릿을 선택하고 자신만의 고유한 사본을 비주얼에 추가할 수 있다. 다른 사람들은 인기 있는 문구를 가져와 자신의 브랜드 이미지를 만들기도 한다. 결국 어렵다기 보다는, 누구나 쉽게 알아볼 수 있는 것을 가져다가, 공유 가능한 밈을 위해 브랜드만의 특징을 더하는 것이 일반적인 밈 마케팅의 툴이 된다.

밈 마케팅은 특히 MZ세대라고 하는 젊은 세대에게 인기가 있다. 최근 연구에 따르면: 밈은 일반 마케팅 그래픽보다 약 10배 더 많은 도달 범위를 갖고 있으며 유기적 참여도는 60%에 이른다. 밈 캠페인의 클릭률(CTR)은 이메일 마케팅보다 14% 더 높고, 60%가 넘는 사람들이 마케팅에 밈을 사용하는 회사에서 구매할 가능성이 더 높다고 알려져 있다.

마케팅 전략에 밈을 사용하는 이유는 MZ세대나 그보다 더 어린 세대들에게 관심을 끌고 브랜드에 참여하도록 동기를 부여하는 데에 다른 수단보다 훨씬 효과가 좋기 때문이다. 단 몇초만에 소비될 수 있는 컨텐츠이므로, 주의 지속 시간이 계속적으로 줄어드는 상황에서 오히려 훨씬 좋은 마케팅 도구가 되는 것이다.

다른 마케팅 대비 밈 마케팅의 장점은 아래와 같다.

1. 공유 가능

밈은 젊은 소셜 미디어 사용자가 공유할 가능성이 가장 높은 콘텐츠이다. 이는 소셜 미디어 참여를 높이는 데 도움이 되고, 콘텐츠가 소셜 채널 피드에서 인기를 얻고 더 많은 리드와 판매를 창출하는 데 도움이 된다.

2. 빠르고 간편

밈은 메시지를 전달하는 데 몇 마디만 필요하다. 밈의 시각적인 부분만으로도 큰 영향을 미치며, 템플릿을 사용하여 자신의 메시지를 추가하거나, 몇 분 만에 자신의 브랜드 콘텐츠에 인기 있는 문구를 오버레이할 수 있는 장점이 있다.

3. 쉽게 인식이 가능

대다수의 밈은 매우 시각적이기 때문에 주의를 끌 수 있다. 밈은 대상 고객이 이미 사용하는 시각적 요소나 메시지에 익숙하기 때문에 쉽게 인식하며, 시각적 요소나 메시지가 사용자에게 공감을 불러일으키기 때문에 주의를 끌 수도 있는데, 해당 특정 콘텐츠에 익숙하든 아니든 상관이 없다.

4. 공감 가능

밈은 브랜드와 소비자 사이에 감정적 연결을 구축하는 데 도움이 된다. 이는 공감 가능성을 보여주기 때문에 B2B 기업을 포함한 브랜드를 좀더 인간적으로 연결하는데 도움이 될 수 있다.

또한, 다양한 컨텐츠 타입에 따라서 밈의 통계를 살펴보면 비디오가 다른 컨텐츠에 비해서 압도적으로 많다는 것을 알수 있다. 이것은 스마트폰과 무선 인터넷의 속도 향상으로 비디오 컨텐츠가 쉽게 만들어지고 전달되기 때문이다. 또한, 유튜브, 트위터, 인스타그램 틱톡과 같은 사이트가 이런 비디오 컨텐츠의 활성화를 아주 빠르게 확산하는데 기여를 하고 있다. 특히, TikTok과 같은 소셜 미디어 사이트는 단편 비디오 밈을 더 널리 퍼뜨렸다. 디지털 마케팅 회사 Hootsuite의 설문 조사에 따르면, 18~24세의 미국 TikTok 사용자인 젊은 청중은 이러한 비디오 밈을 공유하는 것을 특히 좋아하며, 64%가 적어도 한 번은 공유했다고 한다.

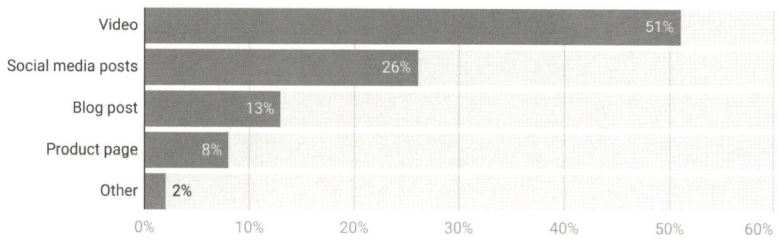

[그림] 공유하는데 사용하는 컨텐츠 타입. 비디오가 다른 타입보다 월등히 높게 나온다.

06 펜데믹 (COVID19) 발생 이후의 밈의 변화

전세계적으로 유행한 코로나 질병은 밈의 사회적 현상에 큰 영향을 가져왔다. 특히 코로나19 관련 밈의 생성과 공유가 급증했으며, 이는 사람들이 팬데믹 상황에 대처하기 위한 자발적인 반응으로 볼수 있다. 특히, 발병 초기인 2020년 봄의 락다운 기간동안 코로나 관련 밈에 대한 관심과 생성이 폭발적으로 증가했다. 사망률이 높아지면서 밈의 생성량도 많아지는데, 이는 밈이 펜데믹 상화에 대한 정보를 전달하거나 인식을 향상하는데 큰 역할을 했음을 시사한다.

[사진] 코로나초기의 밈의 사례 (2020년 2월 27일)

이당시 집에 머무는 시간이 늘어나면서, 인터넷 문화중에서 특히 밈 문화가 유래없는 황금기를 맞이했다고 할 수 있다. 밈은 또한 코로나로 생기는 우울증을 극복하기 위한 하나의 수단으로 활용되었다. 유머와 재치 위트를 통해서 부정적 감정을 완화하고 스트레스를 해소하는 역할도 했음을 알 수 있다.

[사진] COVID19시기에 유행했던 밈. 화장지가 품절이었던 때를 풍자한 밈.

[사진] 코로나 시기에 유행했던 밈

코로나시기에는 다른 시대의 밈보다 더 높은 관심을 유발했고, 이것은 공통의 경험을 공유하며 사회적 연대감을 형성하는데 큰 기여를 했다. 특히 집에 머무는 시간이 늘어나면서 인터넷 문화 특히 밈 문화가 유래 없는 황금기를 맞이했다고 할 수 있다. 또한, 기업들은 코로나 관련 밈을 활용한 마케팅 전략을 채택하면서 광고 시장에도 큰 변화가 있었고, 온라인 소통이 중요해 지면서 디지털 문화의 가속화도 일어나게 되었다.

07 웹의 진화에 따른 밈의 변화

웹의 진화는 인터넷 사용 방식과 사람들이 연결되고 정보를 주고받는 방식에 큰 변화를 가져온다. 주로 Web 1.0, Web 2.0, Web 3.0이라는 세 단계로 나눌 수 있다.

1. Web 1.0: 정보의 초기 단계

Web 1.0은 '읽기 전용 웹'으로 불린다. 1990년대 초반부터 2000년대 초반까지의 웹 환경을 나타내며, 정적인 웹페이지들로 구성되어 있었다. 사용자는 웹사이트에 올라온 정보를 읽기만 할 수 있었으며, 사이트와의 상호작용은 거의 없었다. 따라서 이때의 웹은 중앙 집중식 구조로, 주로 기업이나 정보 제공자가 콘텐츠를 생성하고 배포하는 방식이었다.

이 시기에는 '밈'이라는 개념이 인터넷상에서 크게 발달하지 않았다. 주로 이메일을 통해 전파되는 체인메일이나 간단한 텍스트 기반의 유머가 밈의 초기 형태였다. 예들 들면, "All your base are belong to us" 같은 문구가 유행했다. 또는 약간의 이미지나 기초적인 영상형태도 만들어 졌다.

- 밈사례_"Dancing Baby" (1996): 3D 애니메이션으로 만든 춤추는 아기 gif
https://en.wikipedia.org/wiki/Dancing_baby#/media/File:Dancing_baby.gif

2. Web 2.0: 참여와 소통의 웹

2000년대 중반부터 시작된 Web 2.0은 '읽기와 쓰기'가 가능한 웹으로 발전하였다. 이 시기의 웹은 사용자들이 콘텐츠를 생성하고 공유할 수 있는 소셜 플랫폼이 등장하면서 큰 변화를 겪었다. 페이스북, 유튜브, 트위터와 같은 소셜 미디어가 대표적인 예시이다. Web 2.0 덕분에 누구나 블로그를 작성하고 동영상을 업로드하며, 자신의 생각을 실시간으로 공유할 수 있는 환경이 조성되었다. 이로 인해 웹은 일방적인 정보 전달의 수단이 아니라, 양방향으로 소통할 수 있는 장으로 변화하였다. 그러나 이러한 플랫폼들은 여전히 특정 기업이 소유하고 운영하였으며, 사용자의 데이터가 플랫폼에 종속되고 광고 수익 모델에 따라 운영되는 한계가 있었다.

Web2.0시대의 밈의 특징으로는, 동적이고 상호작용적인 웹, 사용자 생성 콘텐츠, 소셜 미디어의 등장 등으로 많은 변화를 가져왔다. 어찌보면, 밈의 황금기라고 할 수 있다. 이미지 매크로, GIF, 짧은 동영상 등 다양한 형태의 밈이 등장했다. 페이스북, 인스타그램, 틱톡 등 소셜 미디어 플랫폼을 통해 밈의 생산과 전파가 매우 빨라졌다.

몇가지 사례를 아래의 링크를 참고하자.

- "LOLcats" (2000년대 중반): 재미있는 문구가 있는 고양이 사진
  https://icanhas.cheezburger.com/
- "Rickroll" (2007): 릭 애슬리의 "Never Gonna Give You Up" 뮤직비디오로 사람들을 속이는 밈
  https://www.youtube.com/watch?v=dQw4w9WgXcQ
- "Distracted Boyfriend" (2017): 한 남자가 다른 여자를 쳐다보는 사진
  https://knowyourmeme.com/memes/distracted-boyfriend

3. Web 3.0: 탈중앙화와 자율적인 웹

Web 3.0은 현재 발전 중인 개념으로, 블록체인 기술을 기반으로 한 탈중앙화된 웹이 그 핵심이다. Web 3.0에서는 데이터의 소유권이 사용자에게 있

으며, 디지털 자산의 거래와 소유가 가능하다. 또한 스마트 계약을 통해 신뢰 기반의 탈중앙화 애플리케이션(DApps)이 구현될 수 있다. Web 3.0은 기존의 중앙 집중형 플랫폼을 탈피하여 사용자가 더 큰 권한을 가지고 자율적으로 콘텐츠를 생성하고 거래할 수 있는 환경을 목표로 한다. 블록체인 네트워크에서 작동하는 NFT와 디파이(DeFi) 플랫폼이 Web 3.0의 대표적인 사례이다. 이를 통해 정보의 소유권, 투명성, 보안성이 강화되며, 새로운 디지털 경제의 가능성을 열고 있다.

Web3.0시대의 밈의 특징으로 보면, 시맨틱 웹, 탈중앙화, AI와 머신러닝의 통합 등을 이야기할 수 있다. 진행중인 상황이라 아직 완전히 정립되지 않았지만, 새로운 형태의 밈이 등장하고 있다.

NFT(Non-Fungible Token)를 통해서 디지털 아트와 밈의 결합을 시도하거나, AI 기술을 이용해 자동으로 생성되거나, 가상 현실 공간에서 생성되고 공유되는 밈 등 상상력이 뛰어난 밈들이 생산되고 있다.

몇가지 사례들은 아래와 같이 링크를 첨부한다.

- **"Bored Ape Yacht Club" NFT (2021):** 유명 NFT 컬렉션

  https://boredapeyachtclub.com/

- **"Dogecoin" (2013):** 밈에서 시작해 실제 암호화폐가 된 사례

  https://dogecoin.com/

이러한 밈들은 각 Web 시대의 특징과 기술을 반영하며 진화해왔다. Web 3.0 시대에는 더욱 복잡하고 상호작용적인 형태의 밈이 계속해서 등장할 것으로 예상된다. 세부적인 내용은 뒷 장에서 더 자세히 기술하도록 하겠다.

웹의 진화는 단순한 정보 제공에서 시작해 참여와 소통을 거쳐 자율적이고 탈중앙화된 생태계로 확장되고 있다. Web 3.0의 발전이 앞으로 일상에 어떤 영향을 미칠지 주목할 필요가 있다. 특히, 밈과 관련되어 Web3.0으로의 진화는 매우 독특한 의미를 가진다. 소유라는 특징이 들어가면서 블록체인 지갑(wallet)이 매우 중요한 기능을 하게 되고, 누구나 생산할 수 있는 밈이 어떤 사람이나 조직에게는 매우 큰 가치를 안겨줄 수 있는 기회를 제공한다.

PART 4 블록체인과 밈토큰

- 비트코인과 블록체인 그리고 토큰 경제

- 비트코인 밈들

- 도지(Doge)코인 : 최초의 밈코인

- 비트코인도 밈 코인인가? (도지코인과 비교)

- 블록체인 토큰 시장의 변화

* 기준일은 2024년 11월 12일 (트럼프 대통령 당선 이후)

01 비트코인, 블록체인 그리고 토큰 경제

비트코인, 블록체인, 그리고 토큰 경제는 최근 몇 년간 많은 관심을 받아온 개념으로, 여기서는 비트코인의 탄생 배경과 이를 기반으로 발전해 온 블록체인과 토큰 경제의 개념을 간단하게 살펴보고 지나가도록 하겠다.

Bitcoin: A Peer-to-Peer Electronic Cash System

Satoshi Nakamoto
satoshin@gmx.com
www.bitcoin.org

Abstract. A purely peer-to-peer version of electronic cash would allow online payments to be sent directly from one party to another without going through a financial institution. Digital signatures provide part of the solution, but the main benefits are lost if a trusted third party is still required to prevent double-spending. We propose a solution to the double-spending problem using a peer-to-peer network. The network timestamps transactions by hashing them into an ongoing chain of hash-based proof-of-work, forming a record that cannot be changed without redoing the proof-of-work. The longest chain not only serves as proof of the sequence of events witnessed, but proof that it came from the largest pool of CPU power. As long as a majority of CPU power is controlled by nodes that are not cooperating to attack the network, they'll generate the longest chain and outpace attackers. The network itself requires minimal structure. Messages are broadcast on a best effort basis, and nodes can leave and rejoin the network at will, accepting the longest proof-of-work chain as proof of what happened while they were gone.

[그림] 2008년의 비트코인 백서의 제목과 Abstract.
P2P 전자 화폐 시스템을 만든 목적과 이전 기술의 문제점을 서술하고, 블록체인 기술에 대한 내용을 설명한다. 특히 이중지불(Double-spending)을 어떻게 해결하는지에 대한 내용을 기술하고 있다.

비트코인이 탄생하기 이전, 금융 시스템은 주로 은행/증권/펀드와 같은 중앙화된 기관을 통해 운영되었다. 사람들은 이러한 기관들을 통해 돈을 관리하고 운용하고 송금해야 했고, 중앙화 된 시스템의 특성상 금융 위기가 발생할 때 그 여파는 상당했다. 특히 2008년 금융 위기 당시, 많은 사람들이 기존 금융 시스템의 한계와 문제점을 인식하게 되었고, 중앙 권력에 의존하지 않는 새로운 금융 시스템에 대한 요구가 커지기 시작했다.

금융위기가 한창일 무렵 2008년, 나카모토 사토시라는 가명의 인물이 발표한 백서를 통해 비트코인이 처음 등장했다. 이 백서는 '비트코인: P2P 전자 화폐 시스템'이라는 제목으로 발표되었으며, 중앙 기관 없이 사용자 간 직접 거래가 가능한 화폐 시스템을 제안했다. 나카모토 사토시는 2009년 비트코인의 첫 블록을 채굴하면서 비트코인 네트워크를 시작했고, 이를 통해 처음으로 중앙화된 기관이 아닌 탈중앙화된 시스템에서 거래를 할 수 있는 디지털 화폐가 가능해졌다.

비트코인의 탄생 배경에는 시대적, 경제적, 기술적 동기가 함께 작용했다. 나카모토 사토시는 중앙은행의 과도한 통화 발행과 금융 시스템의 불투명성에 문제를 느꼈고, 이를 해결하기 위해 누구도 통제할 수 없는 투명하고 안전한 화폐 시스템을 고안했다. 비트코인은 이를 가능하게 하는 기술로서 블록체인이라는 혁신적인 구조를 활용하였다.

블록체인은 데이터를 블록이라는 단위로 저장하고, 이를 체인처럼 연결하는 방식으로 관리하는 분산형 데이터베이스처럼 보인다. 각 블록은 이전 블록의 정보의 해시화된 내용을 포함하고 있어, 데이터의 위조 변조가 불가능하다. 이러한 구조 덕분에 블록체인은 투명성과 보안성이 뛰어난 시스템으로 인정받고 있다. 따라서, 블록체인 네트워크에서는 모든 참가자가 거래 내역을 검증하고 이를 공유하기 때문에, 중앙 기관이 없어도 신뢰할 수 있는 거래가 가능하다. 이것은 중앙화된 구조의 현재 금융시스템에서는 상상조차 할 수 없는 일이다.

블록체인은 금융 분야에서 다양한 가능성을 보여주고 있다. 특히 송금, 결제, 자산 관리 분야에서 블록체인을 활용하면 거래 비용을 절감하고, 처리 속도를 높일 수 있다. 또한 모든 거래 기록이 네트워크 참여자에게 공개되기 때문에 투명성이 강화된다. 이러한 특징 덕분에 전통적인 금융 시스템에 비해 더 신뢰성 있는 금융 서비스를 제공할 수 있다.

Ethereum White Paper
A NEXT GENERATION SMART CONTRACT & DECENTRALIZED APPLICATION PLATFORM
By Vitalik Buterin

When Satoshi Nakamoto first set the Bitcoin blockchain into motion in January 2009, he was simultaneously introducing two radical and untested concepts. The first is the "bitcoin", a decentralized peer-to-peer online currency that maintains a value without any backing, intrinsic value or central issuer. So far, the "bitcoin" as a currency unit has taken up the bulk of the public attention, both in terms of the political aspects of a currency without a central bank and its extreme upward and downward volatility in price. However, there is also another, equally important, part to Satoshi's grand experiment: the concept of a proof of work-based blockchain to allow for public agreement on the order of transactions. Bitcoin as an application can be described as a first-to-file system: if one entity has 50 BTC, and simultaneously sends the same 50 BTC to A and to B, only the transaction that gets confirmed first will process. There is no intrinsic way of determining from two transactions which came earlier, and for decades this stymied the development of decentralized digital currency. Satoshi's blockchain was the first credible decentralized solution. And now, attention is rapidly starting to shift toward this second part of Bitcoin's technology, and how the blockchain concept can be used for more than just money.

[그림] 이더리움 백서의 첫 페이지.
사토시 나카모토의 비트코인 블록체인의 혁신적인 개념에 대한 강조로 시작한다. 중앙 발행자 없이 가치를 유지하는 탈중앙화 디지털 화폐인 비트코인의 중요성과 작업 증명을 기반으로 한 거래 합의 알고리즘 기술이다.
이더리움에서는 블록체인이 화폐 외의 용도로 어떻게 활용될 수 있는지에 대해서 스마트 계약기능을 추가한 것이다.

비트코인이 디지털 화폐로서의 기능에 중점을 두었다면, 이더리움은 블록체인을 다양한 용도로 활용할 수 있는 탈중앙화 플랫폼으로 발전시켰다. 2015년, 비탈릭 부테린에 의해 출시된 이더리움의 가장 큰 특징은 바로 '스마트 계약' 기능이다. 스마트 계약은 특정 조건이 충족되면 자동으로 실행되는 계약을 의미하며, 이더리움 네트워크에서 다양한 분산형 애플리케이션(Decentralized App, 줄여서 DApp)을 운영할 수 있도록 한다. 이를 통해 블록체인은 단순한 거래 기록이 아닌 다양한 서비스의 기반이 될 수 있었다.

이더리움은 ERC-20이라는 표준을 제안하여, 분산형 앱을 만들어서 서비스를 하려는 사람들이 토큰을 쉽게 생성하고 사용할 수 있는 환경을 제공했다. ERC-

20 표준 덕분에 많은 프로젝트가 이더리움 기반 토큰을 발행할 수 있었고, 이더리움 생태계는 빠르게 확장되었다. 이러한 표준화 덕분에 서로 다른 토큰 간의 호환성도 보장되었고, 디지털 자산이 다양한 형태로 활용될 수 있는 기반이 마련되었다. 이더리움도 초기 버전에서 많이 진화되어 초기의 단점 들을 극복하여 많은 생태계를 만들 수 있는 기능적 향상도 가져왔다.

이더리움 이후 블록체인 생태계에서는 다양한 메인넷이 등장했다. 메인넷은 블록체인 네트워크의 기본 시스템을 의미하며, 각 메인넷은 고유의 합의 알고리즘과 기능을 갖추고 있다. 예를 들어, 비트코인은 작업 증명(Proof of Work, PoW)을, 이더리움은 지분 증명(Proof of Stake, PoS), 이오스는 대표위임형 지분 증명(Delegate PoS)을 채택하여 네트워크의 보안과 안정성을 유지한다. 이러한 메인넷들은 각자의 특성을 활용하여 다양한 프로젝트를 지원하고, 블록체인 생태계 전반의 확장을 이끄는 역할을 한다.

암호화폐 채굴 방식, 어떻게 다른가

구분	PoW	PoS	DPoS
채굴 방법	복잡한 수학 문제 연산	지갑에 예치	투표로 뽑은 대표자에게 증명 위임
보상 기준	작업량	보유 지분에 비례	대표자 수익 배분
장점	보안성	친환경	빠른 처리 속도
단점	막대한 전기 소모	코인 쏠림 현상	네트워크 공격 취약
주요 코인	비트코인(BTC) / 이더리움(ETH) / 라이트코인(LTC) / 모네로(XMR)	에이다(ADA) / 알고랜드(ALGO) / 테조스(XTZ) / 셀로(CELO)	트론(TRX) / 이오스(EOS) / 루나(LUNA) / 리스크(LSK)

[그림] 채굴 방식(알고리즘)에 따른 블록체인 메인넷의 종류
(from https://www.mk.co.kr/economy/view.php?sc=50000001&year=2021&no=671585)

토큰 경제는 디지털 자산인 토큰을 통해 경제 활동을 촉진하는 탈중앙화 서비스 시스템을 의미한다. 블록체인 기술을 기반으로 한 토큰 경제에서는 사람들이

활동을 통해서 토큰을 얻거나 교환하거나 거래하고, 서비스를 이용할 때 토큰을 사용할 수 있다. 이러한 경제 모델은 기존의 경제 활동과는 달리 디지털 자산을 통해 새로운 형태의 가치를 창출하고, 개인 간 직접 거래를 활성화한다.

토큰 경제가 활성화되기 위해서는 사람들이 쉽게 사용할 수 있는 다양한 분산형 애플리케이션(dApp)이 필요하다. 대표적인 dApp으로는 탈중앙화 금융 서비스(DeFi), 게임, 소셜 네트워크 등이 있으며, 이러한 서비스들은 블록체인 네트워크에서 작동하여 사용자의 데이터를 안전하게 보호하면서도 편리한 기능을 제공한다. 토큰 경제의 대중화를 위해서는 이러한 dApp들이 더 많은 사람들에게 보급되고, 일상 생활에서도 쉽게 사용할 수 있는 환경이 조성되어야 한다. 앞으로 Web3.0 시대가 본격적으로 시작되면 dApp들이 매우 보편적으로 쓰이며, 개인이나 기업들은 모두 디지털 지갑(digital wallet)으로 자산을 저장하고 관리하게 될 것이다.

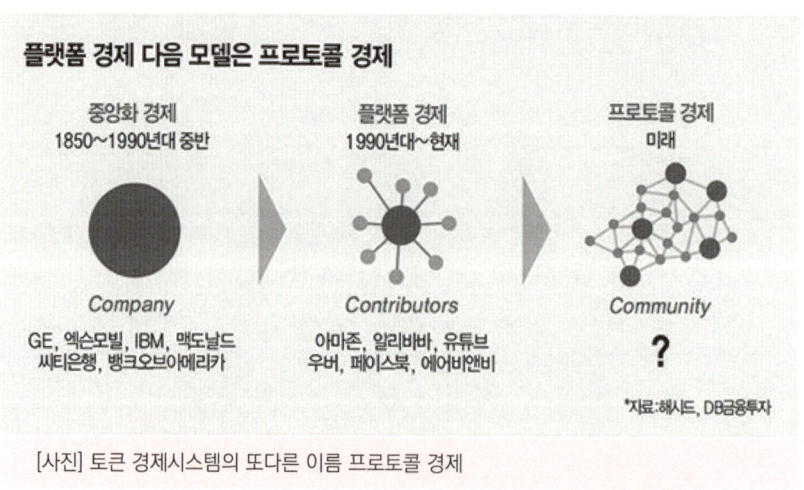

[사진] 토큰 경제시스템의 또다른 이름 프로토콜 경제

토큰 경제 시스템은 현재 다양한 분야에서 시도되고 있다. 혹자는 이런 경제 시스템을 프로토콜 경제라고도 한다. 정교하게 설계된 P2P(peer-to-peer) 프로토콜(protocol)에 의해서 신뢰를 기본으로 탈중앙화된 경제 시스템이다. 예를 들어, 음악,

예술, 부동산 등에서 토큰을 통해 자산을 소유하거나 거래하는 사례가 늘어나고 있는 것이 프로토콜 경제의 예이다. 또한, 디지털 자산을 통해 특정 커뮤니티 내에서 경제 활동을 활성화하는 프로젝트도 진행 중이다. 이러한 사례들은 토큰 경제가 기존 경제 시스템을 보완하고, 새로운 가치를 창출할 가능성을 보여주고 있다.

비트코인의 등장과 함께 시작된 블록체인과 토큰 경제는 아직도 빠르게 변화하며 발전하고 있다. 앞으로 이 기술이 어떤 방식으로 우리의 경제와 일상 생활에 영향을 미칠지 계속 지켜보고 있어야 한다.

02 비트코인 밈들

비트코인이 처음 세상에 나왔을때부터 도지코인이 나오기 전에도 비트코인 관련 밈들이 존재하고, 비트코인에 대해서 커뮤니티에서 회자되는 시기가 있었다. 그때 나왔던 밈들 몇 개를 보자.

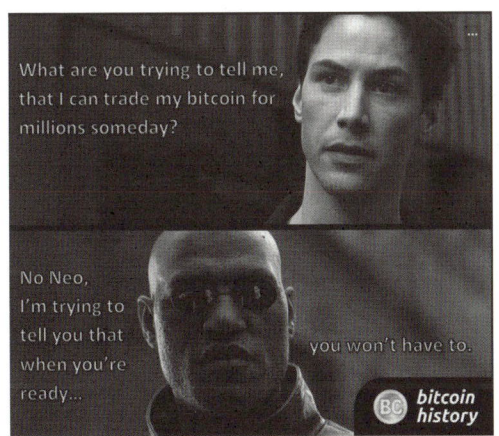

[그림] 2010년 초기 비트코인 관련 밈.
영화 매트릭스의 한 장면에 모피어스와 네오의 비트코인 관련 대화를 삽입하였다.
네오는 "언젠가는 비트코인을 수백만 달러에 거래할 수 있다고 말하려는 건 뭐죠?"
모피어스는 "아니, 네오. 네가 준비되면 말하려고 하는 거야... 그럴 필요는 없을 거야"

[그림] 2012년 비트코인 밈,
"프린팅된 돈은 프린팅된 돈에 생긴 문제를 풀 수 없다. 비트코인 때가 왔다"

[그림] 2013년 4월, 가장 초기 버전의 비트코인 보유를 하자는 의미의 밈
(HODL의 크립토 버전)
(from https://x.com/pete_rizzo_/status/1516397493386452999)

  이와 같은 형식들의 이미지, 또는 동영상들이 활발하게 비트코인 홀더 사이에서 주고받았다.

  2010년 비트코인 가격이 형성되었을때부터 2015년 말까지의 비트코인의 가격 그래프이다. 이 그래프를 보더라도 얼마나 가격의 변동이 심했는지 짐작할 수 있다. 이런 변동성이 회자되면서 많은 밈들이 만들어지고 공유되었을 것이라 생각된다.

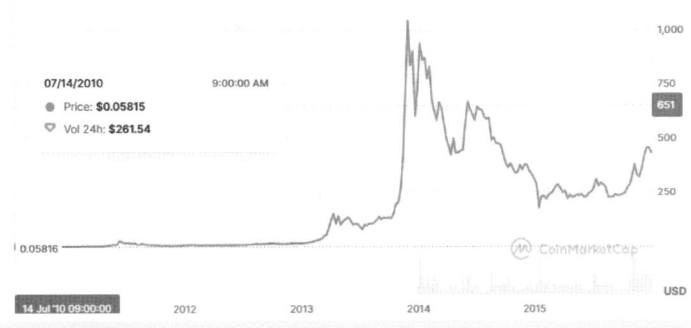

[그림] 2010년 7월 14일의 비트코인 가격은 0.05815 달러.
2015년말까지의 비트코인 그래프인데, 이 사이에 가장 높은 가격은 1042달러였다.

그중에 비트코인 피자데이라는 일도 발생한다. 2010년 5월 18일 저녁, 미국 플로리다 주 잭슨빌에 사는 'laszlo'라는 닉네임의 비트코인 포럼(bitcointalk.org) 이용자가 피자거래를 제안하는 글을 올리는것으로부터 시작된다. 사실 당시 시세로 1만 비트코인의 가격은 41달러 정도였고, 라지 사이즈 피자 두판의 가격은 30달러 정도였으니 환전을 해서 주문을 하는 것이 훨씬 경제적이었으나, laszlo는 자신이 가진 비트코인으로 주문을 해서 피자가 올 수 있는지 실험을 해보고 싶었고, 그는 모든 댓글에 친절히 하나하나 답글을 하면서 어려운 피자구매에 나섰다. 글을 올리고 4일째 되는 5월 22일 오후에, laszlo는 거래에 성공해 피자를 수령했다고 알렸고(실제 피자거래 송금 내역.), 함께 올린 인증샷에서는 파파존스 라지 사이즈 피자 두 판이 식탁 위에 올려져 있었으며, laszlo의 딸로 추정되는 여자아이가 피자를 잡으려 손을 뻗는 장면도 담겨있었다. 포럼 유저들에 의하면 이는 최초의 비트코인 실물 거래였고, 포럼유저들은 5월 22일을 최초의 비트코인 실물 거래를 기념하기 위한 날로 정하자며 'Bitcoin pizza day'를 만들었다. 이러한 사건들은 비트코인이 많은 사람들에게 관심을 끌게 만들었으며, 현재까지도 비트코인 피자 데이를 기념하는 많은 행사들이 일어나고 있다. 상당히 밈스러운 일이 일어난 것이다.

[그림] 피자 두 판을 10,000 비트코인으로 구매한 직후의 사진. 2010년 5월 22일.

03 도지코인 : 최초의 밈 코인

2013년 12월 6일, IBM 출신 빌리 마커스와 잭슨 팔머가 만든 럭키 코인 블록체인 기반의 암호화폐로 비트코인 커뮤니티에서 도지 코인이란 닉네임을 쓴 사람이 올린 Dogecoin - very currency - many coin - wow란 제목의 스레드로부터 시작되었다. 도지코인의 첫번째 블록은 생성일은 (Dogecoin creation date) 2013-12-08 이다.

Shibe doge : 시베 멍뭉이 정도로 해석

Shibe doge는 Shiba dog의 고의적 오타

[그림] 도지코인과 도지코인 재단의 대표 이미지

도지코인의 캐릭터인 시바 도지는, 2010년 찍은 일본유치원교사 사토 아츠코의 시바견 카보스(2006-2024)의 사진이 인터넷을 통해 2013년부터 미국웹에서 유행하기 시작한 것이다.

원사진에 독백 드립들을 합성하면서 밈으로 추진력을 얻었고, 비트코인의 성공과 함께 재미를 목적으로 도지코인 만들었다. 이후 댕댕콘, 움짤 (디시인사이드) 등 확장되고, Dogelore(서브레딧 https://www.reddit.com/r/dogelore/) 등에서 2차 창작물로 발전하여 2019년부터 커뮤니티에서 더욱 많은 인기를 얻게 된 것이다.

[그림] 도지코인의 모티브가 된 초기 시바견 카보스의 시바견 사진과 이 사진에 독백 드립을 넣은 사진

초창기 도지코인 커뮤니티는 자선 기부를 통해 명성을 얻었다. 첫 시작은 레딧과 같은 사이트에서 사용자들이 소규모 도지코인을 콘텐츠 제작자들에게 보상으로 전달하는 팁 시스템을 통해서 였다. 이러한 기부 정신은 보다 자금 모금에도 활용되는데, 2014년 자메이카 봅슬레이 팀의 소치 동계 올림픽 참가를 위해 3만 달러 이상에 해당하는 도지코인이 모금되었다. 같은 해, 도지코인 커뮤니티는 두 가지 다른 활동을 시작했는데, 도지포워터(Doge4Water)는 케냐에 우물을 파기 위해 3만 달러 이상을 모금했으며, 이후 도지코인 지지자들은 내스카(NASCAR) 드라이버 조쉬 와이즈(Josh Wise)에게 5만 달러 이상을 후원했다.

이렇듯이, 실제 도지코인 홈페이지에는 도지코인의 선언문이 아래와 같이 명기되어 있다. 번역해서 작성해서 아래에 옮겨 놓았다. 또한, 모든 사람이 이 선언문에 사인을 할 수 있는 X(구 트위터)사이트가 준비되어 있다.

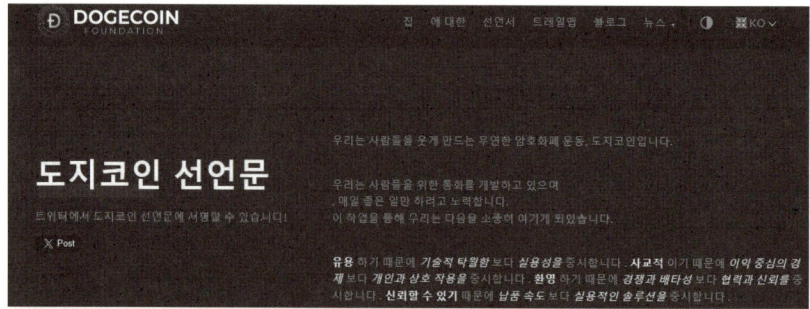

[그림] 도지코인 선언문 (https://foundation.dogecoin.com/manifesto/) 사람들을 웃게 만드는 암호화폐 운동이라는 선언과 구체적인 선언의 내용들이 정리되어 있다.

테슬라 CEO 일론 머스크(Elon Musk)는 자신이 가장 좋아하는 가상자산은 도지코인일 것이라고 이전 트윗에서 말하기도 했고, 이후 커뮤니티 투표를 통해 그는 도지코인 CEO로 장난스럽게 임명되기도 했다. 실제 가장 도지코인에 영향을 많이 주고 있는 사람이며, 최근 미국 대통령 선거에서 트럼프 대통령이 된 후에, 조직화 될 것으로 예상되는 정부 효율부, 즉, D.O.G.E.(Department of Government Efficiency)의 장관으로 내정된다고 하며, 정부 부처 이름도 DOGE코인과 똑같은 약어로 되어 있다. 머스크는 자신의 X(엑스·옛 트위터) 계정에 공유한 정보효율부 이미지 사진을 올리기도 했다.

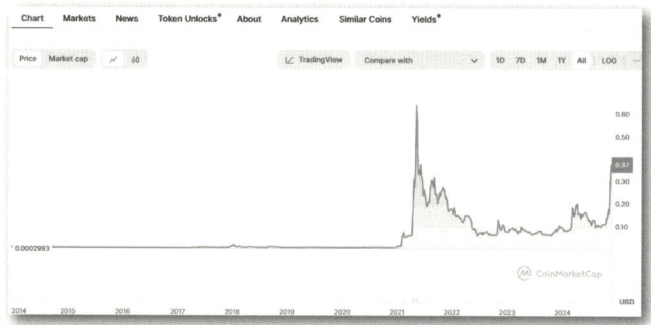

[그림] 도지코인의 가격 변화 (2014년~2024년 11월 16일) 2019년 앨런머스크의 트윗으로 상승이 있었고, 그 뒤 2021년 1월, 암호화폐 전체적인 상승과 미국 게임스탑 숏스퀴즈에 대항해서 레딧커뮤니티에서 기존 권력에 대항하는 밈의 힘을 보여주자는 운동 등으로 폭등을 했던 모습이다.
2024년 11월 트럼프의 당선으로 다시한번 가격이 크게 오르고 있는 상황이다.

앨런 머스크의 도지코인 관련 X(구 트위트)에 올린 글들

- 2019년 4월 : "도지코인이 맘에 든다, 쿨해보인다" [첫번째 트윗]

- 2020년 7월 : "도지코인이 세계 금융 시스템을 정복"

- 2020년 12월 : "막내아들을 위해 도지코인 채굴기 구매했다"

- 2021년 1월 : 게임스톱 주가 폭등 사건 등의 영향…

- 2021년 5월 : 일론 머스크 SNL출연, 최고점 (844원) 터치

- 2021년 5월 : 스페이스X프로젝트에 지불수단 사용 트윗

- 2021년 5월 : 코인 시장 대폭락…

- 2021년 12월 : "도지코인으로 테슬라 상품 구매 가능하도록"

- 2022년 : 트위터 인수후 시바견 사진 업로드

- 2023년 4월 : 트위터 인수 후 제2의 페이팔.. 세계에서 가장 큰 금융기관

- 2023년 7월 : "뭔가 특별한 것이 곧"

- 2024년 10월 : DOGE will fix it…

[그림] 트위터 중단선언 4일만에 재개한 도지코인 트위터(2021년2월 5일)

[그림] 트위터 금융기관이 되다는 내용의 X의 이미지

알다시피 도지코인은 본래 "밈 코인"으로, 2013년에 농담처럼 시작된 암호화폐이다. 그 자체로 진지하지 않은 성격을 가지고 있기 때문에, 인터넷에서 밈 문화에 익숙한 머스크에게 매력적으로 다가왔을 가능성이 있다. 또, 일론 머스크는 종종 자신의 트위터에서 농담과 유머를 섞어 이야기를 하는데, 도지코인은 그의 유머 스타일과 잘 맞아떨어졌고, 이를 통해 그의 "인터넷 인싸" 이미지를 강화할 수 있었다.

[그림] 2024년 11월 12일 일론 머스크가 자신의 X(엑스, 옛 트위터)에 올린 미국 정보효율부 이미지 사진

도지코인은 다른 암호화폐와 비교해 기술적으로 뛰어나지는 않지만, 밈이라는 기본 사상을 가지고 있기 때문에 커뮤니티 중심의 코인이라는 특징이 있다. 또한, 머스크는 대중과의 소통을 중요하게 여기고, "평범한 사람들"의 힘을 신뢰한다는 이야기를 종종해왔듯이, 아마도 도지코인의 탈중앙화된 특성과 커뮤니티의 열정을 높이 평가했을 것이다. 블록체인이 점점 널리 퍼지면서, 도지코인은 강력한 블록체인과 밈 문화의 중심에 있었고, 머스크는 이를 통해 대중과 더욱 친밀한 이미지를 구축하려 한 것 같다. 머스크는 스스로를 "도지파더(Dogefather)"라고 칭하며, 도지코인을 재미있는 방식으로 알렸는데, 본인과 테슬라의 영향력과 대중적 이미지를 강화하는 데 효과적으효 활용하는 것 같다. 물론 암호화폐시장의 변동성으로 투기를 유발하고, 일부투자자에게 손해를 준 경우도 있고, 이를

규제당국에서 조사한 적도 있지만, 도지코인의 많은 부분에 일론 머스크의 영향역이 상당하게 작용하고 있음에는 틀림없다.

04 비트코인도 밈 코인인가? (도지코인과 비교)

그러면 비트코인도 밈코인으로 볼 수 있는가? 여기서 한번 생각해 볼 것은 비트코인 탄생의 목적과 의도에 대해서 검토를 해야한다. 비트코인은 탈중앙화 된 디지털 화폐시스템을 만들기 위한 명확한 목적을 가지고 만들어졌다. 이를 통해서 금융시스템의 혁명을 목표로 삼았고, 실제 거래 수단으로 사용되도록 설계되었다. 비트코인도 커뮤니티 중심적으로 움직인다는 듯한 밈적인 요소가 약간은 있으니, 우리가 통상적으로 생각하는 밈 코인으로 보기는 어려울 것이다. 그러면 비트코인과 도지코인을 한번 아래의 표처럼 비교해 볼 수 있겠다.

특성	비트코인 (BTC)	도지코인 (DOGE)
생성 연도	2009년	2013년
창시자	사토시 나카모토 (가명)	빌리 마커스, 잭슨 팔머
목적	탈중앙화 된 디지털 화폐	재미와 풍자를 위한 밈 코인
총 공급량	2100만 개 (한정)	무제한 (매년 52억 개 추가 발행)
블록 생성 시간	10분	1분
주요 용도	가치 저장, 결제 수단	팁 제공, 커뮤니티 참여, 기부 등
시가총액 순위	1위	10위권 내외 (변동)
가격 변동성	상대적으로 낮음	매우 높음
기업내 활용도	높음	제한적
커뮤니티 특성	전문적, 금융 투자 중심	친근하고 재미있는 분위기
유명 지지자	마이클 세일러, 잭 도시	일론 머스크

05 블록체인과 토큰 시장의 변화

2024년 말 블록체인과 가상화폐는 새로운 전환점을 맞이하고 있다 미국 대선에서 트럼프가 당선되면서, 그야말로 새로운 시장의 전환점을 맞이하고 있는 것이다. 비트코인의 가격 변화를 몇가지 역사적 상황들에 따라서 4개의 단계로 블록체인과 가상화폐 시장의 변화를 설명해 보겠다.

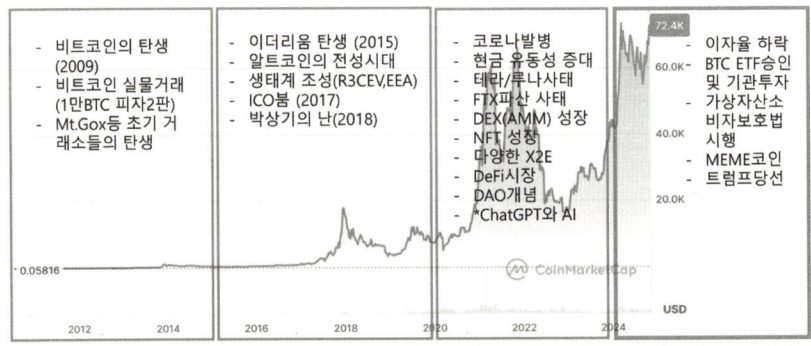

[그림] 비트코인의 가격과 대비하여 블록체인 시장을 4개의 기간으로 나누어 볼 수 있다. 현재는 제 4기에 있다.

1기: 2019년 - 2014년

블록체인의 시작은 2009년 사토시 나카모토의 비트코인 첫 블록(제네시스 블록을 채굴하며 비트코인 네트웍이 가동되기 시작하면서 출발했다. 처음에는 큰 관심이 없었지만, 금융위기 이후에 탈 중앙화된 암호화폐 거래 시스템의 필요성이 증대되고 있었던 상태였기 때문에 비주류의 사람들에게 조금씩 회자되기 시작했고, PC로 비트코인 채굴을 재미삼아 하기 시작했던 때이다. 2010년 최초로 비트코인 실물거래가 시작되었고, 비트코인 첫 거래소인 마운트곡스(Mt.GOX)도 설립되어 사고 팔 수 있는 상태가 되었다. 비트코인 스타트업도 하나 둘씩 생기기 시작했고 이때 코인베이스도 설립되었다. 2013년에 비탈릭브테린이 이더리움의 개념을 제안해서, 비트코인의 단점을 보안하는 이더리움의 설계 사상을 알리게 된다.

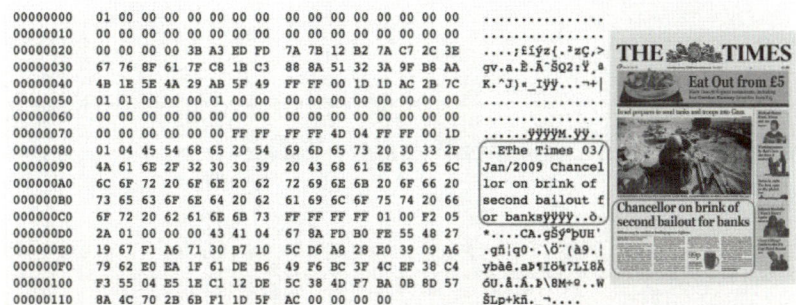

[그림] 비트코인 제네시스 블록에는 사토시 나카모토의 메시지 "더 타임즈, 은행들의 두번째 구제금융을 앞두고 있는 U.K.재무장관"이라는 타임즈의 헤드라인 제목을 넣어 두었다. 이는 창시자의 개발 계기를 나타내는데, 중앙 집권 금융 시스템의 변화를 의도하는 것이다.

2기: 2015년 – 2019년

2015년초에 이더리움 메인넷이 런칭되기 시작하면서 새로운 블록체인의 전기가 마련되었다. R2CEV와 같은 글로벌 은행들의 블록체인 협력 단체가 만들어지기도 하고, 엔터프라이즈 이더리움 얼라이언스(EEA)도 설립되면서, 기관과 기업에서 관심을 가지기 시작한다. 2017년에는 ICO붐이 발생하면서 모든 가상화폐가 폭등하고 비트코인도 1만불을 넘기는 일도 일어났다. 이당시에 한국의 법무부 장관인 박상기씨는 거래소의 폐쇄라는 발언을 통해서 암호화폐시장을 위협하기도 하였다. 이때부터 각국 정부의 암호화폐 규제가 강화되고 특히 2018년 부터는 중국 정부 등 암호화폐 규제 등을 통해서 전 세계적으로 규제의 영향이 크게 작용하기 시작한 기간이다. 기업들은 블록체인 기술에는 관심이 많아서 기술의 실제 사용과 대규모 적용에 대한 연구 개발을 많이 했던 시기이다. 페이스북, IBM, 마이크로소프트 등은 기업을 위한 블록체인을 개발하고 적용하는 연구개발투자에 많이 관심을 가지고 있었다. 동시에 중앙은행들은 디지털화폐(CBDC, Central Bank Digital Currency)의 발행을 위한 연구를 지속적으로 하게 된다.

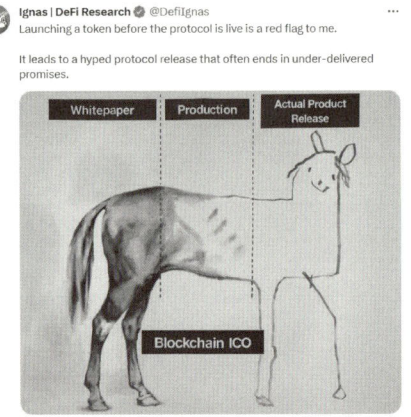

[그림] 블록체인 ICO의 사기에 대한 풍자를 그려낸 SNS.
백서만 보고 투자를 하는 것에 대한 위험성을 나타낸다.

3기: 2020년 – 2023년

2020년 1월 코로나의 확산으로 인한 세계의 불안요소가 가중되고, 기업과 사회가 셧다운의 시기가 되었다. 이때 오히려 초기 코로나의 영향에 빠르게 회복하게 되는데, 오히려 암호화폐의 성장의 기회가 되었다. DeFi(탈중앙화 금융)의 붐이 시작되고, 다양한 유동성 채굴(Yield Farming)프로젝트와 DEX(탈중앙화 거래소)등이 출현하게 되었다. 오히려 2021년에는 비트코인 가격이 69,000달러로 최고가를 경신하게 되면서 더 많은 주목을 갖게 된다. 또한, NFT(Non-Fungible Token)이라는 형식의 블록체인이 나오면서 더욱 시장이 크게 성장하게 되었다. 2022년 암호화폐시장은 테라/루나 사태로 인한 생태계 붕괴 및 FTX거래소 파산사태를 거치면서 엄청난 하락의 시기를 시작하게 된다. 코로나로 풀린 달러 유동성을 줄이기 위해서 미국 정부는 금리를 단계적으로 인상하면서, 암호화폐시장은 겨울을 맞이하였다.

한가지 주목할 사건은 chatGPT의 출시와 AI의 시장의 성장이다. 2022년 11월 ChatGPT는 출시 5일 만에 100만 사용자를 확보했고, 2개월 만에 1억 명 이상의 사용자를 기록했는데, 이런 성장이 개인과 기업들의 관심을 크게 불러 일으켰다. 블록체인과 AI(챗GPT 포함)는 상호 보완적인 관계로 발전할 수 있다. 블록체인은 AI가 필요로 하는 데이터의 무결성과 신뢰성을

[그림] 미국과 한국의 기준금리 추이. 2022년부터 금리를 올리기 시작하면서, 암호화폐시장은 겨울을 맞이한다. 2024년 말 금리인하가 시작되고 있다.

보장할 수 있으며, AI는 블록체인 네트워크의 효율성과 보안성을 향상시킬 수 있다. 또한, AI 기술은 대량의 데이터를 필요로 하는데, 블록체인 기술을 활용하면 이 데이터의 생성과 유통 과정을 투명하게 관리할 수 있다. 이는 AI 모델의 학습 데이터에 대한 신뢰성을 높이는 데 기여할 수 있다. 이렇듯이, AI와 블록체인의 융합에 대한 기대감이 블록체인의 성장에 크게 도움이 되며 두 기술의 시너지에 대한 기대감이 점점 커지게 되었다.

4기: 2024년 ~ 현재

암호화폐시장 4기의 시작은 비트코인 ETF의 승인이라고 할 수 있다. 2024년 1월 미국 증권거래위원회(SEC)는 비크노인 현물 상장지수 펀드(ETF)의 상장을 승인했다. 이를 통해서 연기금부터 기관의 포트폴리오투자도 가능하게 되었다. 승인의 의미는 투자자들이 디지털 지갑을 개설하거나, 암호화폐 거래소를 거치는

작업 등에 대해 걱정할 필요 없이 비트코인 투자의 세계에 진입할 수 있다는 것이다. 전통시장에서 비트코인의 거래가 가능하다는 것은 매우 큰 의미를 가지고 있다. 또한, 2024년 9월 18일 미국 기준금리는 4년 반 만에 5.5%에서 5.0%로 인하했는데, 인플래이션의 목표와 리스크에 대한 균형을 맞춰서 이루어진 것이다보니 매우 큰 의미를 가지고 있는 것이다. 트럼프의 당선으로 비트코인과 암호화폐 시장은 더욱 새로운 시장의 국면에 접어 들었다고 할 수 있다. 친암호화폐 정책을 적극 지지하고, 비트코인을 국가 전략 자산으로 만들겠다는 트럼프의 공약은 이제 실현할 일만 남아 있다. 블록체인 4기는 암호화폐의 전반적인 상승세가 지속되며, 기관투자자의 참여 증가 및 규제 환경 개선으로 스테이블 코인 및 다양한 암호화폐의 실용성 및 활용이 증대할 것으로 보인다. 마지막으로, 2024년부터 새로운 블록체인의 흐름은 밈(meme)코인의 부흥이다. 2013년 도지코인으로 시작되고, 2020년 시바이누 등의 밈코인들이 나오기 시작했지만, 큰 영향을 갖지는 못했다. 2024년 비트코인 ETF의 승인 이후부터 11월 트럼프의 미국 대통령 당선을 전후하여 새로운 블록체인 생태계가 도래하였는데, 바로 밈 코인의 전성시대라고 할 수 있다. 2024년부터는 밈코인이 새로운 경제 시스템을 만들 것으로 예상되는데, 자세한 내용은 뒷장에서 다루도록 하겠다.

[그림] 트럼프 "미국, 가상화폐 수도 될 것"… 미국 공화당 대선 후보인 도널드 트럼프 전 대통령이 7월 27일 테네시주 내슈빌에서 열린 '비트코인 2024 콘퍼런스'에서 발언하고 있다.

PART 5 밈토큰

- 밈 토큰이란 무엇인가?
- 밈토큰과 NFT의 차이
- 왜 밈코인에는 동물이 많은가?
- 주요 밈토큰들 소개

01 밈 토큰이란 무엇인가?

밈토큰(meme token)이란 인터넷 밈으로 시작되고 파생되어 만들어진 암호화폐의 한 종류이다. 일반적으로 밈 토큰은 재미, 유머, 커뮤니티의 참여를 중심으로 만들어지며, 종종 실질적인 사용 사례보다는 커뮤니티의 열광적인 지지와 바이럴 효과를 통해 가치를 형성한다. 대표적인 예로는 도지코인(DOGE)과 시바이누(SHIB)와 같은 코인이 있다.

이론적으로는 모든 밈을 토큰으로 만들 수 있다. 밈의 본질은 인터넷에서 사람들에게 흥미를 끌거나 공감을 얻는 콘텐츠인데, 이를 블록체인 상에서 토큰으로 변환하는 것은 기술적으로 가능하나, 밈을 토큰화할 때 중요한 요소들을 고려하여야 한다.

아래는 밈 토큰 프로젝트시 고려사항들이다.

- 밈의 독창성과 인기: 밈은 누구나 만들 수 있으나, 공감을 얻기 위해서는 독창적(창의성)이어야하고 획기적인 면이 있어야 한다. 그리고 공감을 인기로 이끌 수 있는 특별함이 있어야 한다.
- 밈의 파급력과 공감 가능성: 밈은 많은 사람에게 빠르게 전파되며, 이런 전파력은 공감을 수반해야만 밈 토큰으로서 가치가 생기게된다.
- 커뮤니티의 규모: 무엇보다도 밈토큰의 성공은 커뮤니티 형성일 것이다. 밈 토큰은 쉽게 만들 수 있지만, 성공의 확률은 매우 낮을 수 밖에 없다.

> **[알아 두어야 할 상식] - 밈 토큰과 시뇨리지 효과**
>
> 시뇨리지 효과는 화폐를 발행할 때 발행자가 얻는 경제적 이익을 의미한다. 중앙은행이나 정부가 화폐를 발행할 때 주로 발생하며, 화폐의 명목가치와 발행 비용 간의 차이에서 생기는 수익을 지칭한다.
>
> 예를 들어, 1,000원짜리 지폐를 발행하는 데 100원이 들었다면, 발행자는 900원의 이익을 얻는다. 이를 시뇨리지 효과라고 한다. 디지털 자산이나 암호화폐의 경우에도 이 개념을 적용할 수 있다. 초기 발행 비용은 낮지만, 이후 시장에서 가치를 높여 차익을 얻는 방식으로 활용할 수 있다.
>
> 중앙은행의 경우, 시뇨리지 효과는 재정에 긍정적인 영향을 미칠 수 있다. 하지만 화폐 발행이 과도할 경우 인플레이션을 유발할 수 있어 신중하게 관리해야 한다.
>
> 특히 밈 토큰 프로젝트는 초기 발행 과정에서 낮은 비용으로 대량의 토큰을 발행하고, 커뮤니티의 관심과 수요를 끌어내어 시장 가치를 높이는 방식으로 시뇨리지 효과를 극대화하려고 한다.
>
> 암호화폐에서는 이 효과를 활용해 프로젝트 자금을 조달하거나 생태계를 확장할 수 있지만, 무분별한 발행은 시장 신뢰를 떨어뜨리고 가격 하락으로 이어질 수 있어 신중한 설계와 운영이 필요하다.

밈과 밈토큰의 차이점은 기본적으로 밈의 가치를 블록체인상의 암호화폐로 이전한 것이라고 할 수 있다. 밈 자체만으로 그 가치를 측정하기는 힘들지만, 밈 토큰으로 만들어지고 교환되기 시작하면 그 가치가 측정되고 교환된다. 게다가 최근에는 도지코인과 같은 밈 토큰이 지불의 수단으로도 활용되고 있다. 따라서, 밈의 경제적 효과는 밈 토큰으로 만들어지게 되면 더욱 커지게 되는 것이다.

구분	밈	밈 토큰
정의	인터넷에서 사람들 사이에 퍼지는 재미있는 이미지, 동영상, 텍스트 등	밈을 기반으로 만들어진 암호화폐
목적	주로 재미와 유머의 바이럴 확산	기부, 거래, 커뮤니티 지원 등으로 시작. 유동성이 풍부해 지면 거래 등
기반 기술	인터넷 및 소셜 미디어 플랫폼	블록체인 기술로 주로 솔라나 (SOL) 활용
가치	사람들의 주목과 관심	시장의 수요와 공급, 커뮤니티의 크기

02 밈토큰과 NFT(Non-Fungible Token, 대체 불가 토큰)의 차이

이런 밈 토큰의 유사한 형태로서 NFT라는 것이 있다. 제일 유명한 NFT로는 크립토펑크(Cryptopinks)와 BAYC(Bored Ape Yacht Club) 등이 있다. 동물들이나 단순 캐릭터를 기반으로 NFT를 만드는 경우가 많다 보니, 밈적인 요소가 많이 가미된다. 하지만, 가장 큰 차이점은 제작의 목적일 것이다. NFT는 특정한 자산의 소유권을 증명하는 목적으로 만들어진다. 반면에 밈은 특정한 자산이 없으며, 소유권조차 불명확한 경우가 많고, 주로 재미와 웃음을 공유하기 위해서 우연하게 만들어지는 경우가 많다.

[그림] 가장 인기있는 NFT 사례: BAYC와 크립토펑크

특성	밈 토큰	NFT
목적	주로 재미와 커뮤니티 형성	디지털 자산의 소유권 증명
대체 가능성	대체 가능	대체 불가능하며 각 토큰이 고유함
가치 기반	커뮤니티의 규모	희소성, 소유권, 원본성
주요 사용 사례	사상과 가치관 등 인터넷 문화 관련	디지털 아트, 수집품, 게임 아이템 등
기술 표준	솔라나, 이더리움, BASE 등	주로 ERC-721, ERC-1155
가격 변동성	매우 높음	상대적으로 안정적 (작품에 따라 다름)
법적 지위	재단이 특정되지 않은 경우가 많음	법적 인정을 받는 추세
저작권	통상 저작권이 없음	로열티 등 창작자 권리 보호 가능

밈 토큰은 주로 재미나 유머를 기반으로 한 암호화폐로, 커뮤니티의 관심과 참여와 밈 문화에서 그 가치를 찾는다. 대표적인 예로는 도지코인(Dogecoin)이나 시바이누(Shiba Inu) 같은 코인이 있다. 이러한 토큰은 기술적 혁신보다도 커뮤니티의 열정과 바이럴 요소에 의해 가치가 좌우된다. 밈 토큰은 거래 가능한 암호화폐의 형태를 가지며, 주로 커뮤니티내에서 기부, 관심 표현, 교환 또는 투기의 목적으로 사용된다. 반면, NFT(Non-Fungible Token)는 해당 토큰 자체에 내재되어 있는 고유성과 소유권에 중점을 둔다. NFT는 디지털 자산의 소유권을 증명하며, 예술작품, 게임 아이템, 음악, 저작권, 부동산 등 실물적 또는 디지털 콘텐츠와 연결

되는 경우가 많다. NFT는 ERC-721이나 ERC-1155 같은 표준을 통해 고유성을 보장받으며, 복제할 수 없는 디지털 자산의 독점적 소유를 강조한다.

요즘 암호화폐시장에서 밈 토큰의 급속한 성장과 관심의 과열 상태에 대한 의견이 많이 나오는데, 그중 하나가 바로, 밈 토큰이 NFT처럼 일시적인 현상으로 끝날지, 아니면 지속적인 관심을 받을지에 대한 내용이다. 밈 토큰의 지속적인 성장은 다음과 같은 몇 가지 요소에 달려 있다.

1. 커뮤니티의 지속성

밈 토큰의 가장 큰 강점은 커뮤니티의 힘이다. 커뮤니티가 계속해서 활발히 참여하고, 새로운 밈이나 아이디어를 만들어낼 수 있다면 밈 토큰은 단기적인 유행을 넘어 장기적인 생명력을 가질 수 있다. 블록체인이라는 기술적 인프라를 기본으로한 밈이 단순한 커뮤니티의 관심뿐 아니라, 지속적인 가치를 만들어 내고 그 가치가 블록체인내에서 유지된다면 NFT보다는 더 지속성이 있는 성장이 가능할 것이다.

2. 실질적인 활용성

- 만약 밈 토큰이 단순한 유머와 재미를 넘어서 실제 유용성을 제공한다면, 장기적인 성장이 가능하다. 예를 들어, 특정 프로젝트나 플랫폼에서 밈 토큰을 활용할 수 있는 생태계가 구축된다면, 밈 토큰의 가치는 더욱 공고해질 수 있다. 그런 예중에 하나가 도지코인(DOGE)이 테슬라 차량의 구매와 결제에 활용하려는 시도들이고, 최근의 유행인 다른 코인들도 DeFi(탈중앙화 금융)와 같은 서비스에서 활용이 계속 늘어나고 있다. 재미와 관심이 실질적은 활용성까지 가지게 된다면 NFT와 차별된 성장을 가져올 것이다.

3. 시장 트렌드와 기술 혁신

NFT 시장이 초기에 과열되었다가 점차 성숙해지는 과정을 겪은 것처럼, 밈 토큰도 트렌드와 기술적 진화를 통해 새로운 방향성을 찾을 가능성이 있다. 예를 들어, Web3와 통합되거나 DeFi 생태계와 연결된다면 지속적인 관심을 받을 수 있다. 게다가 최근에는 AI와 융합되거나 AI를 활용한 밈 토큰 프로젝트가 상당히 많이 나오고 있다. 생성형AI시대의 기술적 현상들을 밈에 담거나, 밈 인프라를 생성형AI로 만든다는 것은, 인간의 영역에 도전하는 AI에 대한 기대 또는 AI의 도전과 위험에 대한 경고의 메시지를 담고 있기도 하다. 이러한 기술 혁신의 NFT에는 담기 어려운 네러티브를 가지고 있다고 할 수 있다.

4. 사회적, 경제적 변화

밈 토큰은 경제적 불확실성 속에서 사람들이 쉽게 접근하고 즐길 수 있는 요소를 제공한다. 통상 알트코인이 특정한 이익집단이 만들고 목적이 있게 쓰인다는 점을 생각한다면, 밈 토큰은 부담과 제약이 없다는 것이 오히려 보유자들에게 편안함을 주는 특징이 있다. 게다가 사회적 이슈를 반영하는 밈 토큰들은 특정한 가치관을 공유하는 사람들의 결속을 강화 시켜주는 효과와 밈 토큰의 구매가 경제적 이득을 주는 효과도 누릴 수 있게 된다. 이런 특성이 앞으로도 사람들의 관심을 끌 가능성을 높인다.

결론적으로, 밈 토큰이 NFT처럼 단기적인 열풍으로 끝날 가능성은 없지는 않지만, 그와 동시에 강력한 커뮤니티와 적절한 활용성을 기반으로 장기적인 성장도 기대할 수 있다. 결국, 밈 토큰 시장의 지속 가능성은 커뮤니티와 토큰 생태계의 발전 여부에 달려 있다.

03 왜 밈코인에는 동물이 많은가?

현재까지 나와 있는 많은 밈 토큰들은 개와 고양이와 같은 동물들을 대표 캐릭터(이미지)로 사용하고 있다. 이렇게 동물 캐릭터를 많이 사용하는 이유로는 친근한 공감대 형성하는 데에 가장 좋은 캐릭터가 동물이기 때문이다. 특히 귀여운 동물캐릭터는 사람의 감정을 자극하고 긍정적인 연상을 일으켜서 투자를 쉽게 결정하게 한다. 기억하기도 쉽고 커뮤니티의 형성도 쉽게 이룰 수 있다. 특별한 진입 장벽이 없이도 동물 캐릭터 만으로도 토큰의 컨셉을 유도하거나, 재미와 유머 등을 위한 변화를 쉽게 할 수 있다. 특별히 동물중에서도 개와 고양이가 많이 사용되는 이유는 인간의 곁에서 쉽게 보이는 반려 동물이기 때문일 것이다. 처음에는 개와 고양이가 대부분이었디만, 최근에는 원숭이, 하마, 나무늘보 등 다양한 동물 캐릭터로도 만들어 지고 있다.

밈 토큰의 캐릭터 유형	대표 밈 토큰들
개 (시바이누 등)	도지코인 (DOGE), 시바이누 (SHIB), 플로키 (FLOKI), 봉크 (BONK), 도그위프햇 (WIF), 네이로(NEIRO), 도그스(DOGS), 베이비도지(BabyDoge) 등
고양이	캣인어독스월드 (MEW), 팝캣 (POPCAT), 캣코인 (CAT), 모찌 (MOCHI), 키보드캣 (KEYCAT), 키키(KIKI) 등
개구리	페페 (PEPE), 터보(TURBO) 등
기타 동물	브렛(BRETT)*페페의 절친, 퐁케(PONKE) *원숭이, 실라나(SEAL)*바다표범, 하마(MOODENG), 슬러프(SLERF) *나무늘보,
유명인 관련	도널드 트럼프(TRUMP, MAGA) 등
기타	AI밈 토큰들(GOAT, ACT 등), K-FOOD 밈토큰(GOCHU 등), 탭투언(NOT 코인 등)

04 주요 밈코인 소개
(코인마켓캡 기준 시가총액 100위 이내의 코인중, 밈코인들)

아래에는 기준일에서 나와 있는 밈토큰 13개를 시총 순위별로 좀더 자세하게 소개하고자 한다.

#	Name	Price	1h %	24h %	7d %	Market Cap	Volume(24h)	Circulating Supply
7	Dogecoin DOGE	$0.3684	▲1.62%	▲0.51%	▲26.58%	$54,097,802,486	$7,775,630,300 / 21,257,049,128 DOGE	146,835,616,384 DOGE
11	Shiba Inu SHIB	$0.00002482	▲1.68%	▲0.31%	▼7.36%	$14,623,875,227	$1,253,583,660 / 50,760,724,946,446 SHIB	589,260,502,748,675 SHIB
15	Pepe PEPE	$0.00002126	▲1.51%	▼0.03%	▲89.96%	$8,942,735,562	$4,906,010,544 / 231,950,933,033,449 PEPE	420,689,899,999,995 PEPE
29	Bonk BONK	$0.00005264	▲3.26%	▲6.92%	▲105.33%	$3,950,134,859	$2,533,389,591 / 48,220,154,498,141 BONK	75,042,878,498,248 BONK
33	dogwifhat WIF	$3.62	▲0.98%	▲0.29%	▲28.20%	$3,617,598,533	$1,215,081,027 / 336,728,610 WIF	998,844,883 WIF
44	FLOKI FLOKI	$0.0002584	▲1.67%	▲3.92%	▲41.37%	$2,481,708,160	$1,190,579,333 / 4,607,262,040,980 FLOKI	9,603,626,979,184 FLOKI
56	Popcat (SOL) POPCAT	$1.89	▲0.67%	▲9.61%	▲24.90%	$1,849,838,230	$219,154,958 / 116,099,872 POPCAT	979,973,185 POPCAT
58	Peanut the Squirrel PNUT	$1.83	▲2.00%	▲9.98%	▲1354.72%	$1,828,823,304	$1,717,774,986 / 939,142,535 PNUT	999,854,910 PNUT
61	Brett (Based) BRETT	$0.1619	▲0.33%	▲6.36%	▲52.61%	$1,604,831,658	$119,629,669 / 736,263,067 BRETT	9,910,236,395 BRETT
72	Goatseus Maximus GOAT	$1.21	▲1.46%	▼1.57%	▲31.33%	$1,211,271,858	$391,649,393 / 324,177,027 GOAT	999,996,897 GOAT
76	cat in a dogs world MEW	$0.01207	▼0.11%	▼7.43%	▼7.58%	$1,072,651,315	$433,112,115 / 36,005,315,632 MEW	88,888,888,888 MEW
85	Mog Coin MOG	$0.0₅2478	▲2.03%	▼7.46%	▲20.06%	$968,179,003	$45,261,359 / 19,334,902,348,833 MOG	390,567,526,433,217 MOG
90	Neiro (First Neiro On Ethereum) NEIRO	$0.002192	▲0.54%	▼3.80%	▼17.81%	$922,218,475	$676,696,515 / 311,968,665,408 NEIRO	420,680,553,877 NEIRO

[그림] 2024년 11월 18일 기준, 코인마켓캡 기준 100위 이내에 위치해 있는 밈토큰들

코인 마켓캡이라는 사이트는 실시간으로 현재 발행되어 있는 토큰들의 현황을 알려주는 포털 사이트이다. 밈 카테고리 메뉴로 들어가면 현재 전세계 거래소에 상장되어 있는 밈코인들을 시총 순위로 나열해준다. 각 코인들을 선택해서 들어가면 코인의 실시간 차트, 상장되어 있는 거래소, 최신 뉴스, 그리고 토큰의 기본적인 내용들을 자세히 볼수 있다. 하루에 발행되는 밈 토큰의 숫자는 수천에서 수만개가 있다. 토큰의 발생 플랫폼은 솔라나 메인넷인 경우 pump.fun 이라는 사이트에서 프로그램을 하지 않아도 발행 할 수 있다. 또한, 발행된 밈 토큰은 DEX 거래소에서 바로 거래할 수 있고, 인기가 많아지고 가격이 올라가면 큰 DEX거래소나 바이낸스나 업비트와 같은 중앙화 거래소에도 상장이 된다. 여기서 소개하는 밈 코인들 뿐만 아니라 여러분들이 좋아할 만한 밈 코인을 직접 선택하여 거래를 할 수도 있고, X(구 트위터), 텔레그램, 인스타그램과 같은 사이트에 있는 해당코인의 소셜네트웍에 가입하여 직접 해당 밈의 커뮤니티에 참여할 수 있다. 밈 토큰에 대한 막연한 환상만 가지고 있기보다는 직접 느끼시고 경험해 보시는 것을 추천드린다.

도지코인(DOGE)					
발행시기	2013년	메인넷	라이트코인 포크	밈 캐릭터	시바이누 (일본개)
시가총액	75조	암호화폐 시총순위	7위	현재가격	511
역대최저가	0.1189	역대최고가	₩1,025.82	발행총수	무한대 (채굴형)
FDV (희석가격)	75조원	현발행수	1468억개	주소갯수 (explore기준)	6,791,285
홈페이지	https://dogecoin.com/				
발행 목적	- 비트코인을 풍자 - 재미있는 암호화폐를 만들어 대중에게 암호화폐를 쉽게 소개 - 재미와 웃음을 제공				
스마트 컨트렉트 주소	0xba2ae424d960c26247dd6c32edc70b295c744c43				
커뮤니티규모 (트위터)	410만	트위터 링크	https://x.com/dogecoin		
최근 동향	- 일론 머스크의 지속적인 언급으로 인한 가격 변동 - 트럼프 재선에 따른 가격 상승 - X(구 트위터) 플랫폼에서의 결제 수단 도입 가능성 논의 - 도지코인 재단의 활동 강화 및 개발 로드맵 발표				
특이점	- 발행량이 무한대이고 채굴형 - 일론머스크가 D.O.G.E라는 트럼프 행정부의 '정부효율성부' 장관에 임명 예정				

시바이누(SHIB)					
발행일자	2020년 8월	메인넷	이더리움 (ERC20)	밈 캐릭터	시바이누 (일본 개품종)
시가총액	20조	암호화폐 시총순위	11위	현재가격	33원
역대최저가	0.00000011	역대최고가	0.123	총 발행총	999조
FDV (희석가격)	20조	현발행수	589조	홀더수 (explore기준)	142만
홈페이지	https://shibatoken.com/				
발행 목적	100% 탈중앙화된 커뮤니티 기반 암호화폐 생태계 구축				
스마트 컨트렉트 주소	0x95ad61b0a150d79219dcf64e1e6cc01f0b64c4ce				
커뮤니티규모 (트위터)	380만	트위터 링크	https://x.com/shibtoken		
최근 동향	- 시바리움(Shibarium) 레이어-2 솔루션 출시 및 거래량 증가 - 대형 거래소들의 지속적인 상장 및 지원 확대 - NFT 및 메타버스 프로젝트 확장 - 커뮤니티 주도의 토큰 소각 이벤트 지속				
특이점	- 시바이누 코인의 소각율 증대 (소각된 시바이누 토큰은 총 410조 7308억 개에 달하며, 유통 공급량은 583조 5102억개)				

페페(PEPE)					
발행일자	2023년 4월 14일	메인넷	이더리움 (ERC20)	밈 캐릭터	페페 개구리 (pepe the Frog)
시가총액	12.3조	암호화폐 시총순위	16위	현재가격	0.029
역대최저가	0.0000385	역대최고가	0.035	총 발행수	420조
FDV (희석가격)	12.3조	현발행수	420조	홀더수 (explore기준)	316만
홈페이지	https://www.pepe.vip/				
발행 목적	인터넷 밈 문화를 기반으로 한 커뮤니티 중심의 암호화폐 생태계 구축				
스마트 컨트렉트 주소	0x6982508145454ce325ddbe47a25d4ec3d2311933				
커뮤니티규모 (트위터)	69만	트위터 링크	https://x.com/pepecoineth		
최근 동향	- 주요 거래소 상장으로 인한 가격 및 거래량 급증 - 커뮤니티 주도의 토큰 소각 이벤트 진행 (현재 총공급량의 1.6%소각) - NFT 및 DeFi 프로젝트 확장 계획 발표 - 일론 머스크의 언급으로 인한 가격 변동성 증가 - 페페 2.0 등 유사 프로젝트 출현으로 인한 경쟁 심화				
특이점	- 누가 발행자인지 아직 알려지지 않음, 팀 정보도 부족하지만, 커뮤니티의 육성은 SNS플랫폼으로 성공적으로 진행함. - 미 대선후 로빈후드 거래소에서 페페 추가되면서 거래량 급증.				

봉크(BONK)					
발행일자	2022년 12월 25일	메인넷	솔라나 (SOLANA)	밈 캐릭터	시바이누 강아지
시가총액	5.2조	암호화폐 시총순위	32위	현재가격	0.07
역대최저가	0.000128	역대최고가	0.0784	총 발행수	92.7조
FDV (희석가격)	6.49조	현발행수	75조	주소갯수 (explore기준)	813만
홈페이지	https://www.bonkcoin.com/				
발행 목적	- "사람들을 위한, 사람들에 의한" 최초의 개 테마 코인 - 솔라나 생태계를 위한 커뮤니티 중심의 밈코인 창출 - 솔라나 DEX의 유동성 회복				
스마트 컨트렉트 주소	0x1151CB3d861920e07a38e03eEAd12C32178567F6				
커뮤니티규모 (트위터)	349천	트위터 링크	https://x.com/bonk_inu		
최근 동향	- OpenBook, Orca 등 여러 NFT 플랫폼에서 결제 수단으로 사용 - 2023년 4월, 분산형 거래소 BonkSwap이 출시되어 BONK 생태계를 확장 - SolFarm, BonkStake 등의 플랫폼에서 NFT 스테이킹 인센티브로 활용 - 봉크DAO는 토큰의 소각을 발표 (전체 5%)				
특이점	- 봉크의 탈중앙화 자율조직(DAO)은 2024년 12월 25일 약 1조 개 토큰을 소각하겠다고 한국시간 2024년 11월 17일 발표 등				

	페페(PEPE)					
발행일자	2023년 12월	메인넷	솔라나	밈 캐릭터	모자를 쓴 시바견	
시가총액	5조	암호화폐 시총순위	33위	현재가격	5,034	
역대최저가	94	역대최고가	5478	발행총수	-	
FDV (희석가격)	-	현발행수	9억9천만	주소갯수 (explore기준)	20만	
홈페이지	https://dogwifcoin.org/					
발행 목적	- 인터넷 밈 문화를 기반으로 한 커뮤니티 중심의 암호화폐 생태계 구축 - 목적이 특별히 없음					
스마트 컨트렉트 주소	EKpQGSJtjMFqKZ9KQanSqYXRcF8fBopzLHYxdM65zcjm					
커뮤니티규모 (트위터)	116천	트위터 링크	https://x.com/dogwifcoin			
최근 동향	- 솔라나기반의 밈코인으로서 솔라나 생태계의 확장에 따라서 성장함 - WIF의 개발자는 라스베이거스에 있는 대형 돔에 모자씌워 모금 캠페인					
특이점	- 스테이킹이나 소각 매커니즘이 없음 (단순함이 특징)					

플로키(FLOKI)				
발행일자	2021년 6월	메인넷	이더리움 / 바이낸스 스마트 체인	밈 캐릭터	시바 이누 강아지 (머스크의 애완견 이름)
시가총액	3.49조	암호화폐 시총순위	44위	현재가격	0.363
역대최저가	0.0000278	역대최고가	0.388	발행총수	10조
FDV (희석가격)	-	현발행수	9.6조	주소갯수 (explore기준)	42만
홈페이지	https://floki.com/
발행 목적	- 시바견(SHIB) 커뮤니티의 팬과 구성원이 만든 암호화폐 - 일론 머스크의 시바견에서 영감을 받아(이름을 따서) 만듦
스마트 컨트렉트 주소	0xcf0c122c6b73ff809c693db761e7baebe62b6a2e (BEP20)
커뮤니티규모 (트위터)	65만	트위터 링크	https://x.com/RealFlokiInu
최근 동향	- 두바이 몰 오브 에미리츠와 파트너십 체결 (2024년 11월) - 시바리움(Shibarium) 레이어-2 솔루션 출시로 인한 거래량 증가 - NFT 및 메타버스 게임 '발할라' 개발 진행

특이점	-4가지 대표적 유틸리티 프로젝트 진행중
	  1. Valhalla라고 불리는 NFT 게임 메타버스
	  2. "FlokiFi"라는 이름으로 출시된 분산형 금융 상품
	  3. FlokiPlaces라고 불리는 NFT 및 상품 마켓플레이스
	  4. University of Floki라는 콘텐츠 및 교육 플랫폼
	
	- 플로키는 이더리움·BNB개의 2개 메인넷 사용

팝캣(SOL)(POPCAT)					
발행일자	2023년 12월	메인넷	솔라나	밈 캐릭터	Oatmeal이란 이름의 입벌린 고양이
시가총액	2.5조	암호화폐 시총순위	58위	현재가격	2582
역대최저가	5.3	역대최고가	2884	총 발행수	9.8억
FDV (희석가격)	-	현발행수	9.7억	주소갯수 (explore기준)	10만
홈페이지	https://www.popcatsolana.xyz/				
발행 목적	인터넷 밈 문화를 기반으로 한 커뮤니티 중심의 암호화폐 생태계 구축				
스마트 컨트렉트 주소	7GCihgDB8fe6KNjn2MYtkzZcRjQy3t9GHdC8uHYmW2hr				
커뮤니티규모 (트위터)	7만9천	트위터 링크	https://x.com/POPCATSOLANA		
최근 동향	- 솔라나 기반의 밈코인 - 위프타디오(Wiftardio)가 덱스스크리너에서 63만달러 물량을 구매				
특이점	- 팝캣 게임은 탭투언 게임처럼 단순한 카운트기반 - 랭킹을 볼 수 있는 재미요소(밈 요소) - 국가별 클릭수를 집계하여 랭킹 제공 등				

땅콩다람쥐					
발행일자	2023년 11월	메인넷	솔라나	밈 캐릭터	Peanut이라는 이름의 실제 다람쥐
시가총액	2.3조	암호화폐 시총순위	60위	현재가격	2313원
역대최저가	43	역대최고가	2700	발행총수	9억9천
FDV (희석가격)	-	현발행수	9억9천	주소갯수 (explore기준)	67천
홈페이지	https://www.pnutsol.com/				
발행 목적	다람쥐 땅콩을 광견병 바이러스 확산 위험이 있다는 이유로 안락사시킨 이후에 탄생한 밈코인				
스마트 컨트렉트 주소	2qEHjDLDLbuBgRYvsxhc5D6uDWAivNFZGan56P1tpump				
커뮤니티규모 (트위터)	42천	트위터 링크	https://x.com/pnutsolana		
최근 동향	"피넛의 이름으로 기부하고 싶은 분들을 위해 모금 캠페인을 시작할 것" – 피넛의 주인 룽도				
특이점	- 다람쥐 피넛(Peanut)의 주인 마크 룽고가 뉴욕주 환경보호국(DEC)이 피넛과 또 다른 애완동물인 너구리 프레드를 공중보건 문제를 이유로 강제 수거해 안락사 시켰다고 소셜 미디어에 공개하면서 빠르게 확산 - 일론 머스크가 이러한 반발에 가세하면서 논란은 더욱 커졌다. 머스크는 X(옛 트위터)에 "정부가 개인의 집에 들어와 애완동물을 죽일 권리가 있어서는 안 된다. 이는 잘못된 일이다"라는 글을 남기며 DEC의 결정을 비판				

브렛(BRETT)						
발행일자	2024년 3월 11일	메인넷	BASE	밈 캐릭터	푸른개구리 Brett	
시가총액	2.29조	암호화폐 시총순위	62위	현재가격	231원	
역대최저가	27	역대최고가	271	발행총수	100억	
FDV (희석가격)	2.3조	현발행수	99억	주소갯수 (explore기준)	70만	
홈페이지	https://www.basedbrett.com/					
발행 목적	- Base 체인의 첫 번째 밈코인으로, 커뮤니티 중심의 탈중앙화된 생태계 구축PEPE The Frog의 친구인 Brett를 모티브로 해서 만들어진 푸른색 개구리 밈코인 - 다양한 미디어와 커뮤니티에서 사용되는 페페의 가장 친한친구 브렛에서 영감을 받음					
스마트 컨트렉트 주소	0x532f27101965dd16442e59d40670faf5ebb142e4					
커뮤니티규모 (트위터)	129천	트위터 링크	https://x.com/BasedBrett			
최근 동향	- Base 체인의 성장과 함께 거래량 급증 - 주요 거래소 상장으로 인한 가격 및 유동성 증가 - "페페의 가장 친한 친구"라는 별명을 얻으며 인기가 더욱 높아짐					
특이점	- 스마트 계약을 포기하여 개발자가 추가 토큰을 생성할 수 없음 - 커뮤니티 중심의 구조가 확립됨 - 안정적 토큰노믹스 보유 TOKENOMICS: 85% LP / 10% TREASURY / 5% CEX WALLET					

고트세우스 막스무스(GOAT)					
발행일자	2024년 10월 10일	메인넷	솔라나	밈 캐릭터	염소(GOAT)
시가총액	1.6조	암호화폐 시총순위	74위	현재가격	1590
역대최저가	0.0000135385	역대최고가	1894	발행총수	10억
FDV (희석가격)	1.6조	현발행수	10억	주소갯수 (explore기준)	6만
홈페이지	https://pump.fun/CzLSujWBLFsSjncfkh59rUFqvafWcY5tzedWJSuypump				
발행 목적	AI와 밈 문화를 결합한 커뮤니티 중심의 암호화폐 생태계 구축				
스마트 컨트렉트 주소	CzLSujWBLFsSjncfkh59rUFqvafWcY5tzedWJSuypump				
커뮤니티규모 (트위터)	2만 18만	트위터 링크	https://x.com/gospelofgoatse https://x.com/truth_terminal		
최근 동향	- 코인베이스 CEO 브라이언 암스트롱의 관심으로 가격 상승 - 크립토와 자율형AI 에이전트와의 융합이라는 주제로 많은 관심 - 미래에는 AI가 토큰지갑을 가지고 사람처럼 거래하는 세상이 오는가?				
특이점	- 최초의 AI와 밈코인의 융합 프로젝트 - GOAT의 생성 배경에는 AI 에이전트 연구자 앤디 아이어리(Andy Ayrey)가 있으며, AI 모델이 염소 밈에 집착하게 되면서 이 밈코인이 탄생 - AI와 암호화폐 투자 실험 프로젝트 'Terminal of Truth'에 관심 및 유사 프로젝트 출현				

cat in a dogs world (MEW)					
발행일자	2024년 3월	메인넷	솔라나	밈 캐릭터	고양이 (개들의 세상 속 고양이)
시가총액	1.47조	암호화폐 시총순위	82위	현재가격	16.4원
역대최저가	1.18	역대최고가	18	발행총수	888억
FDV (희석가격)	-	현발행수	888억	주소갯수 (explore기준)	178천
홈페이지	https://mew.xyz/				
발행 목적	- 개 테마의 밈코인이 지배하는 시장에 고양이 테마의 밈코인을 도입하여 차별화된 커뮤니티 구축 - 개 코인 세상을 구하려는 고양이 모티브				
스마트 컨트렉트 주소	MEW1gQWJ3nEXg2qgERiKu7FAFj79PHvQVREQUzScPP5				
커뮤니티규모 (트위터)	131천	트위터 링크	https://x.com/mew		
최근 동향	- 솔라나 밈코인 MEW가 LOCUS 애니메이션 스튜디오와 협력해 3D애니메이션 제작 - Solana Saga 2 휴대전화 소지자들에게 토큰을 에어드랍 - NFT 및 DeFi 프로젝트 확장 계획 발표				
특이점	- 한국의 업비트와 빗썸 등에 빠르게 상장 - 국내 브리또 월렛과 마케팅 협력 (입금 시 에어드랍)				

MogCoin (MOG)						
발행일자	2023년7월	메인넷	이더리움 (erc20)	밈 캐릭터	고양이 (Joycat이모지)
시가총액	1.33조	암호화폐 시총순위	87위	현재가격	0.0034
역대최저가	0.0000059	역대최고가	0.0037	발행총수	420조
FDV (희석가격)	1.43조	현발행수	390조	주소갯수 (explore기준)	4만(erc) 12만(base)
홈페이지	https://www.mogcoin.xyz/				
발행 목적	- 인터넷 밈 문화를 기반으로 한 커뮤니티 중심의 암호화폐 생태계 구축 - '인터넷 최초의 컬처 코인'을 지향 - 브랜드 심볼은 조이캣				
스마트 컨트렉트 주소	0xaaeE1A9723aaDB7afA2810263653A34bA2C21C7a				
커뮤니티규모 (트위터)	98천	트위터 링크	https://x.com/MogCoinEth		
최근 동향	- 초기에 메타버스 플랫폼내에서 사용되는 디지털 자산 - 비트멕스 설립자인 아서 헤이즈가 모그코인(MOG)에 투자했다는 트윗				
특이점	- 자체 소각 메커니즘 보유 - 독특한 밈문화의 요소로 홍보(특히, 조이캣의 선글래스만으로 밈을 생성)				

Neiro (First Neiro On Ethereum) NEIRO						
발행일자	2024년 8월	메인넷	ERC20	밈 캐릭터		도지코인의 주인 새로 입양한 유기견 네이로
시가총액	1.23조	암호화폐 시총순위	94위	현재가격		2.93원
역대최저가	0.0034	역대최고가	4.32	발행총수		4200억
FDV (희석가격)	1.23조	현발행수	4200억	주소갯수 (explore기준)		
홈페이지	https://www.neiroeth.io/					
발행 목적	- 도지코인의 원래 모델인 카보스의 사망 이후 주인(사토 아츠코)이 시바견을 새로 입양했는데, 그 이름은 네이로(Neiro). - 도지코인과 시바이누와 유사한 밈 코인 트렌드의 일환으로, 커뮤니티 중심의 암호화폐 생태계 구축					
스마트 컨트렉트 주소	0x812ba41e071c7b7fa4ebcfb62df5f45f6fa853ee (erc) 0x5ca35ebc4f25b042d2cae75914c7e882e631fa9a (base)					
커뮤니티규모 (트위터)	57천	트위터 링크		https://x.com/neiro		
최근 동향	- 디파이(DeFi)와 지분 증명(Staking)을 지원하며, 강력한 거버넌스 구조를 통해 투명성을 강화 등 - 인공지능 기반의 Dapp 출시 준비 등					
특이점	- 카보스의 사망 이후 주인은 시바견을 새로 입양했다. 이름은 네이로 (Neiro). 발빠르게 이 이름을 딴 암호화폐까지 출시되었지만 주인은 공식 SNS를 통해 기존의 도지 커뮤니티 외 다른 암호화폐 프로젝트를 지지하지 않을 것이라 함 **주의**: "퍼스트 네이로 온 이더리움"과 "네이로 이더리움"이 같은 티커를 사용하므로, 투자자들의 주의 요망. (아래그림)					

Neiro (First Neiro On Ethereum) NEIRO	
특이점	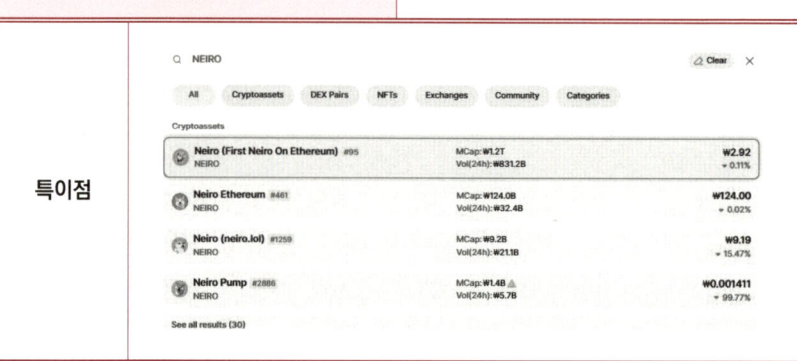

PART 6 밈 토큰 경제

- 비트코인 vs 알트코인 v 밈코인

- 토큰 이코노미란?

- 밈 코인과 관심경제

- 정량적 지표 MC/FDV비율

- 밈 경제, 밈 노믹스

- 밈과 AI의 융합

- AI가 밈을 만들 수 있을까?

01 비트코인 vs 알트코인 vs 밈코인

1. 비트코인의 성공, 한계 그리고 가능성

2009년 탄생한 비트코인은 사토시 나카모토라는 이름 아래에서 시작된 최초의 암호화폐로, 기존 금융 시스템에 대한 대안을 제시하며 세계적으로 주목받아 왔다. 비트코인은 중앙화된 금융기관플랫폼을 벗어나 탈중앙화된 형태의 디지털 화폐라는 혁신적 아이디어를 기반으로 중앙 권한 없이 개인 간 거래를 가능하게 만들었고, 투명성과 보안을 높이기 위해 블록체인 기술을 활용했다. 이후 15년이 넘는 시간 동안 수많은 도전과 변화를 겪었지만 여전히 생존하며 암호화폐 시장의 선두를 유지하고 있다.

비트코인의 성공에는 여러 요인이 작용했다. 우선, 비트코인은 탈중앙화를 통해 기존 금융 시스템의 한계점을 극복하려 했다. 특히 2008년 금융위기 이후의 중앙은행이 가지고 있는 투명성의 문제를 지적했다. 비트코인 플랫폼은 중앙은행이나 금융 기관 없이 개인 간 거래(Peer-to-peer)를 가능하게 해 금융 거래의 자유를 제공했다. 또한, 인플레이션이 없는 화폐라는 개념을 강화한 총 발행량(2,100만 개 한정)은 디지털 자산이 인플레이션에 강한 성격을 가지게 했다.

비트코인은 성공에도 불구하고 여러 한계를 지닌다. 이러한 한계는 기술적, 경제적, 그리고 환경적 측면에서 두드러진다.

- **확장성 문제**: 비트코인의 네트워크는 거래의 내용이 담겨 있는 한 블록이 생성되기까지 약 10분의 시간이 필요하며, 초당 처리할 수 있는 거래 수(TPS)가 약 7건으로 제한된다. 이는 기존의 결제 시스템(예: 비자카드

의 2,000 TPS 이상)과 비교했을 때 매우 느리며, 대규모 거래를 처리하기 어렵게 만든다. 확장성 문제를 해결하기 위한 라이트닝 네트워크 같은 2차 레이어 기술이 도입되었지만, 아직 완벽한 해결책은 없으며 대규모로 상용화되지는 않았다.

- **채굴 에너지 소비:** 비트코인은 거래의 내역을 확인하는 방법으로 작업증명(PoW) 알고리즘을 사용하며, 이로 인해 대규모 컴퓨팅 파워와 전력이 필요하다. 이는 비트코인을 채굴하는 과정에서 환경적 지속 가능성에 대한 우려를 낳았다. 특히, 채굴로 인한 탄소 배출과 전력 소비는 비트코인을 "친환경적이지 않은 화폐"로 비판하게 만든 요인이다.

- **가격 변동성:** 비트코인은 가격 안정적인 통화라기보다는 투기 자산의 성격이 강하다. 가격이 급격히 변동하면서 결제 수단으로서 실효성이 다른 통화 수단에 비해서 떨어지고 있다. 이러한 변동성은 비트코인을 일상적인 거래보다는 장기 투자나 가치 저장의 수단으로만 사용하는 결과를 낳고 있다.

- **규제와 제도적 한계:** 비트코인은 아직도 기존 금융 시스템 밖에서 운영되기 때문에 여러 국가에서 규제의 대상이 되어왔다. 일부 국가는 비트코인 채굴이나 거래를 금지하거나 다른 암호화폐 거래를 엄격히 제한하기도 했다. 이는 비트코인의 글로벌 수용성(mass adoption)을 저해하는 요인이 되고 있다.

- **사용자 인터페이스 어려움:** 비트코인을 소비자들이 직접 사용하려면 니모닉(키생성을 위한 단여 조합)의 저장, 개인 키(Private Key) 관리, 지갑 설정, 복잡하고 긴 입출금 주소의 관리 등의 어렵고 복잡한 과정을 거쳐야 한다. 이러한 기술적 진입 장벽은 일반 대중이 쉽게 접근하지 못하게 하는 요소로 작용한다.

비트코인은 글로벌 경제 위기와 기존 금융 시스템에 대한 불신이 커지는 상황에서 투자 자산으로서의 매력을 발휘했다. 특히, 2020년 이후 코로나 19 팬데믹 속에서 기관 투자자들이 비트코인을 포트폴리오에 포함하면 비트코인의 미래는 여전히 논쟁의 중심에 있지만, 몇 가지 주요 방향성을 예측할 수 있다.

- **디지털 금으로서의 역할:** 비트코인은 이미 많은 투자자들에게 디지털 금으로 인식되고 있다. 희소성과 탈중앙화 특성을 활용하여 가치 저장 수단으로서 역할을 계속 이어갈 가능성이 높다.
- **글로벌 결제 시스템의 일부:** 비트코인은 라이트닝 네트워크와 같은 기술의 발전으로 결제 속도를 높이고, 확장성 문제를 일부 해결할 수 있다. 이를 통해 특정 상황에서 국제 송금이나 소액 결제 수단으로 활용될 수 있다.
- **금융 포용성 강화:** 전통 금융 시스템에 접근할 수 없는 개발도상국이나 은행 계좌가 없는 개인들에게 비트코인은 금융 서비스를 제공할 수 있는 대안이 될 수 있다.
- **암호화폐 생태계의 기초:** 비트코인은 여전히 암호화폐 시장의 신뢰와 기준을 형성하는 역할을 한다. 스마트 계약 플랫폼(예: 이더리움)이나 디파이(DeFi)와 결합하여 암호화폐 경제의 근본적인 자산으로 자리 잡을 가능성도 있다.

비트코인은 중앙화 금융 시스템에 대한 대안으로 시작하여 전 세계적으로 큰 영향을 미친 혁신적인 자산이다. 2024년 미 대선에서의 트럼프 대통령의 승리는 비트코인의 규제 환경에 큰 변화를 가져올 수 있으며, 이는 산업의 성장과 신뢰를 높이는 기회로 작용할 수 있다. 그러나 동시에 규제 완화로 인한 시장 변동성 증가와 투자자 보호 문제 등 새로운 과제도 제기될 것으로 보인다. 비트코인은 앞으로도 디지털 자산 생태계에서 중요한 역할을 하겠지만, 현재의 문제를 극복하고 새로운 기술과 전략으로 진화해야 지속 가능한 성장을 이룰 수 있을 것이다.

2. 알트코인과 토큰이코노미의 실패

비트코인이 2009년 처음 등장한 이후, 블록체인 기술은 다양한 탈중앙화된 플랫폼의 성공 가능성을 보여주었고, 이를 확장하려는 시도에서 이더리움을 비롯한 많은 알트코인이 탄생했다. 알트코인은 비트코인 이외의 모든 암호화폐를 지칭하는데, 각기 다른 기술적 특성과 사용 사례를 제시하며 시장에 등장했다. 특히, 2015년부터 2018년까지 ICO(Initial Coin Offering)의 붐을 통해 수많은 알트코인이 발행되었다. 그러나 대다수는 성공하지 못했고, 이는 토큰이코노미의 미숙한 설계와 커뮤니티 형성의 실패에서 비롯된 것으로 보인다.

알트코인은 주로 비트코인의 기술적 한계를 보완하거나, 특정 목적에 맞춘 새로운 기능을 제공하기 위해 만들어졌다. 대표적인 초기 알트코인으로는 라이트코인(Litecoin), 이더리움(Ethereum) 등이 있다. 이들은 비트코인과는 다른 방식으로 더 빠른 거래 속도, 스마트 계약 기능 등을 제공하며 시장에서 주목받았다.

- ICO의 역할:

  ICO는 프로젝트 팀이 새로운 암호화폐(토큰)를 발행하고, 이를 투자자에게 판매하여 초기 자금을 조달하는 방식이다. 전통적인 벤처 투자나

IPO(Initial Public Offering)와는 달리, ICO는 누구나 참여할 수 있었고, 초기 참여자는 높은 수익률을 기대하며 적극적으로 투자했다.

- ICO 붐의 특징:
  - 낮은 진입장벽: 누구나 스마트 계약을 통해 손쉽게 토큰을 발행하고 ICO를 수행할 수 있었다.
  - 투자자들의 기대감: 비트코인과 초기 알트코인의 성공이 ICO 열풍을 부추겼다.
  - 빠른 자금 조달: 몇 주 또는 며칠 만에 수백만 또는 수천만 달러를 모은 사례가 빈번했다.

그러나 이러한 ICO 붐은 곧 한계를 드러냈다. 많은 프로젝트가 제대로 된 비즈니스 모델 없이 자금을 모집했으며, 이로 인해 프로젝트 실패와 투자자 손실이 빈번하게 발생했다.

알트코인을 발행한 프로젝트들은 주로 비영리재단 또는 영리기업을 기반으로 운영되었다. 이들은 각각 다른 방식으로 토큰 경제를 설계했지만, 공통적으로 몇 가지 주요 한계를 드러냈다.

- 토큰 발행 목적의 모호성:

  많은 프로젝트가 블록체인 기술의 잠재력을 강조했지만, 실제로 해결하려는 문제는 구체적이지 않았다. 사용 사례가 명확하지 않은 토큰은 커뮤니티의 관심을 끌지 못했다.

- 재단 중심 및 커뮤니티와의 단절
  - 비영리재단이나 회사 중심으로 설계된 토큰이코노미는 커뮤니티와의 소통이 부족했다. 토큰의 가치를 커뮤니티가 아닌 재단의 성공에 의존

하도록 만든 구조는 탈중앙화라는 블록체인의 본질과 상충되었다.
- 성공적인 블록체인 프로젝트는 커뮤니티의 지지와 참여를 기반으로 성장한다. 그러나 많은 알트코인 프로젝트는 재단과 회사 내부에서 모든 결정을 내리고, 커뮤니티를 단순한 투자자로만 간주했다. 이는 프로젝트에 대한 신뢰 부족과 커뮤니티 참여 저조로 이어졌다.

- 투기 중심의 설계:

많은 프로젝트가 토큰의 가격 상승에만 초점을 맞췄다. 이는 실제 사용처가 부족한 상황에서 토큰의 가격 거품이 빠르게 꺼지게 만드는 원인이 되었다. 초기 ICO 단계에서 과대 광고와 투기 심리에 의존해 과도하게 높은 가치를 평가받았다. 그러나 실제 기술 개발이 따라오지 못하면서 거품이 꺼졌고, 투자자들은 손실을 입었다.

- 지속 가능성 부족:
- 대다수 알트코인은 초기에 투자금을 유치한 후 지속적으로 생태계를 확장하거나 실질적인 가치를 제공하지 못했다. 이는 커뮤니티의 이탈로 이어졌고, 프로젝트의 실패를 가속화했다.
- 기술적으로 혁신적이지 않거나, 기존 블록체인과 차별화되지 않은 프로젝트가 다수였다. 토큰 경제 모델이 지나치게 복잡하거나, 실질적인 사용 사례가 없는 경우가 많았다.

토큰이코노미 실패의 가장 근본 원인은 시장과 커뮤니티와의 단절에서 비롯되었다고 볼 수 있다. 많은 프로젝트가 재단과 회사 중심으로 자기들만의 세상을 만들려고 했지만, 블록체인의 본질은 탈중앙화된 커뮤니티의 참여와 신뢰에서 시작된다. 커뮤니티가 토큰을 실질적으로 사용하고, 이를 기반으로 생태계를 확장해야 성공할 수 있다. 그러나 많은 알트코인은 커뮤니티를 단순히 투자 대상으로만 간주하며 신뢰를 얻는 데 실패했다. 커뮤니티가 토큰을 사용해야 하는 명확한 이유가 부족했으며, 단순히 "가치 저장"이나 "거래 수단"이라는 일반적인 목적만으로는 커뮤니티를 유지할 수 없었다. 재단과 회사 중심의 의사결정 구조는 커뮤니티를 소외시켰고, 이는 결국 프로젝트의 몰락으로 이어진 것이다.

3. 밈코인의 가능성

비트코인과 알트코인은 각각 블록체인의 탄생과 확장을 상징하며 디지털 자산 시장의 핵심 축으로 자리 잡아왔다. 그러나 이들 모두 기술적 한계, 탈중앙화의 약화, 그리고 커뮤니티 참여 부족과 같은 문제를 겪으며 발전의 한계에 부딪혔다. 이러한 상황 속에서 밈 코인(Meme Coin)은 기존 암호화폐의 한계를 극복하며 새로운 가능성을 보여주고 있다. 밈 코인은 커뮤니티 중심의 토큰 이코노미를 통해 블록체인의 본질을 되살리고, 새로운 형태의 디지털 경제를 창출할 수 있는 잠재력을 가지고 있다.

밈 코인은 단순히 재미와 유머를 바탕으로 시작되지만, 그 속에는 블록체인의 본질인 커뮤니티 중심의 생태계와 참여형 경제 모델이 내재되어 있다. 밈 코인의 독특한 특징은 기존 암호화폐와 차별화된 몇가지 경쟁력을 제공한다.

- **커뮤니티 중심의 토큰 이코노미:**
  - 밈 코인은 커뮤니티의 참여와 공감을 바탕으로 가치가 형성된다. 이는 단순히 중앙화된 재단이나 기업의 비전에 의존하지 않으며, 커뮤니티가 생태계의 핵심 주체가 된다. 커뮤니티가 프로젝트의 소유권을 가지고 있다고 느끼게 하며 자연스럽게 충성도를 높이는 효과를 가진다.

- 커뮤니티가 직접 밈을 생성하거나 확산시키는 과정에서 토큰의 가치가 상승하고, 이를 통해 상호 경제적 이익을 공유한다.

- **밈의 효과를 통한 확장성:**
  - 밈 코인은 소셜 미디어와 인터넷 밈 문화에 뿌리를 두고 있어 자연스럽게 바이럴 효과를 얻는다. 이는 마케팅 비용 없이도 빠르게 대중에게 알려질 수 있는 장점을 제공한다.
  - 유머와 공감이라는 보편적 요소를 통해서 누구나 쉽게 접근할 수 있으며, 암호화폐에 익숙하지 않는 대중에도 친숙하게 다가갈 수 있는 장점을 제공한다.

- **없거나 또는 단순한 토큰 모델:**
  밈 코인은 토큰 이코노미 모델이 없거나 또는 복잡한 기술적 설계보다는 직관적이고 단순한 토큰 모델을 제시한다. 이는 오히려 부담감을 없애고 대중적인 접근성을 높이고, 일반 사용자들이 쉽게 참여할 수 있도록 만든다.

- **완전 탈중앙화와 경제 민주화:**
  - 밈 코인은 탈중앙화를 강화하며, 커뮤니티 내에서 민주적인 의사 결정이 이루어질 수 있는 구조를 지원한다. 이는 커뮤니티가 프로젝트의 방향성을 스스로 결정하게 해준다. BONK토큰에서 처럼 DAO(Decentralized Autonomous Organization)의 모델이 자연스럽게 밈 이코노미 안에서 생겨나게 하는 이유이다.
  - 초기 투자자나 기관에 과도한 권력이 집중되지 않도록 설계된다. 이는 기존의 알트코인에서 발생하는 중앙화 문제를 해결하고, 더 많은 사람들에게 공평하게 이익을 공유할 수 있는 경제 민주화 기반을 만든다.

종합해 보면, 밈 코인은 기존 암호화폐의 기술적, 구조적 한계를 극복하며 커뮤니티 중심의 새로운 디지털 경제 모델을 제시하고 있다. 비트코인과 알트코인이 중앙화 된 구조와 실질적 사용성 부족으로 인해 어려움을 겪는 동안, 밈 코인은 커뮤니티의 힘과 바이럴 효과를 활용해 성공적인 사례를 만들어내고 있다. 미래의 밈 코인은 단순히 유머로 끝나는 것이 아니라, 커뮤니티 기반의 경제적 민주화와 참여형 생태계를 통해 디지털 자산 시장의 새로운 표준을 만들어갈 잠재력을 가지고 있다. 성공적인 밈 코인의 사례는 이러한 가능성을 뒷받침하며, 앞으로도 더 많은 밈 코인이 블록체인 생태계의 중심에 자리 잡을 것으로 기대된다.

02 토큰 이코노미란?

통상적으로 경제는 재화를 생산하고 소비하는 인간행위를 말한다. 그러므로 경제라는 단어는 국내경제, 세계경제, 공유경제 등과 같이 어떤 지역이나 특징을 앞에 넣어서 많이 쓰인다. 국가 경제를 이야기 할 때는 특정국가 혹은 다른 나라의 생산, 교환, 분배 그리고 재화 및 서비스의 소비와 관련된 인간의 모든 활동을 말하기도 한다. 쉽게 말해서 살아가는 집단의 상호작용 또는 먹고 사는 일에 관련된 모든 분야라고 해도 된다.

하나의 예로 세계 경기의 불황기에 우버나 에어비엔비가 처음 나왔을 때 공유경제라는 것이 유행이었다. 물품을 소유의 개념이 아닌 서로 대여해 주고 차용해 쓰는 개념으로 인식한 경제활동이다. 특히 인터넷과 스마트폰이 많이 보급되면서 물건이나 공간 서비스를 빌리고 나눠 쓰기가 매우 쉬워졌다. 불황인 경우 공유경제가 특히 효과를 발휘했다. 특별히 공유경제의 특징은 경제적교환이 아니라 사회적 교환이라는 인식이 강하게 작용했다.

통상 경제의 3주체는 가계와 기업 그리고 정부이다. 이 3가지 주체가 경제를 이루는 것이 현재의 경제모델이다. 가계는 효용 극대화를 추구하는 경제주체로서 재화와 서비스의 수요자, 노동/토지/자본의 공급자이다. 기업은 이윤극대화를 추구하는 경제주체로서 재화와 서비스의 공급자, 노동/토지/자본의 수요자이다. 정부는 사회 후생을 극대화를 추구하는 경제 주체로서, 재화와 서비스의 수요자이자 공급자이다.

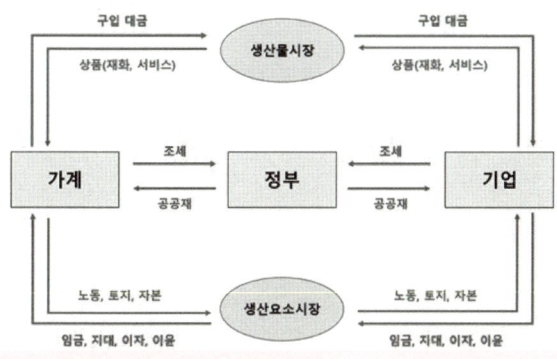

[그림] 경제의 2주체(가계, 기업, 정부)의 경제 모델.

토큰 이코노미 모델의 시작은 스키너(1904-1990)의 행동주의 이론에서 시작한다. 행동 변화를 추구하는 방법으로서 토큰 경제 개념을 만들었고, 그 뒤 반두라나 허번트 사이먼 등의 행동경제학자들이 토큰 경제 모델을 더욱 발전시켰다. 이런 기반을 두고 있는 토큰 모델은 행동의 강화와 토큰의 보상이라는 기본적인 행동 심리학적 모델인데, 블록체인이란 기술이 나오면서 다시한번 부각되는 이유는 바로 동기와 보상이라는 개념을 블록체인 기술로 실현할 수 있기 때문이다.

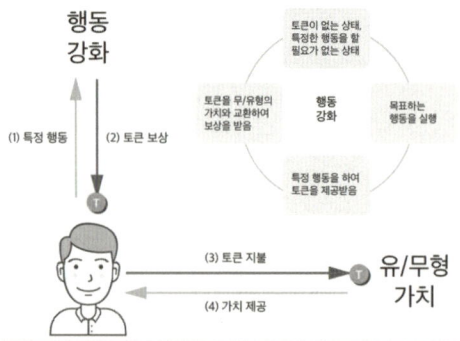

[그림] 행동 심리학적 관점에서의 토큰 경제 모델

　2008년 금융위기 이후 비트코인이라는 탈중앙화 결제시스템이 시작되면서 토큰 이코노미가 본격화 되었다고 할 수 있다. 주주 자본주의의 한계가 사토시 나카모토의 논문과 비트코인 결제 시스템으로 새로운 전기를 마련한 것이다. 발행된 토큰과 그것이 쓰여질 실물 경제 시스템 사이에 규치를 설계할 방법을 탈중앙화 시스템과 스마트 계약이라는 기술로 구현된 것이다.

　토큰 이코노미를 가능하게 하는 요소는 블록체인 구조를 유지하는 강력한 힘이 필요하다. 경제의 참여자 사이의 자발적 협력을 유도하는 강력한 유인 장치가 필요하며, 블록체인 네트워크 플랫폼 위의 경제 구조에서 가장 핵심 배경에는 개인이 참여하여 기여하는 만큼 보상을 받는다는 '인센티브 시스템(Incentive System)'일 것이다. 참여자 모두가 기여도에 따라 합리적으로 보상을 받을 수 있도록 설계되어야만, 참여자의 자발적 참여와 능동적인 '선한 행동'을 기대할 수 있으며, 토큰의 존재가 유지되며 활용이 지속적으로 확대될 것이다.

　토큰 이코노미 모델을 기초로 만들어진 생태계가 블록체인 생태계이다. 여러 개의 경제 주체들이 토큰 이코노미를 지속 가능하게 만들기 위해서 각자의 역할을 가지고 생태계를 구성한다. 특히 생태계의 성공은 사용자의 역할이 가장 중요하다. 서비스의 이용과 토큰의 보상 메커니즘이 핵심인 것이다.

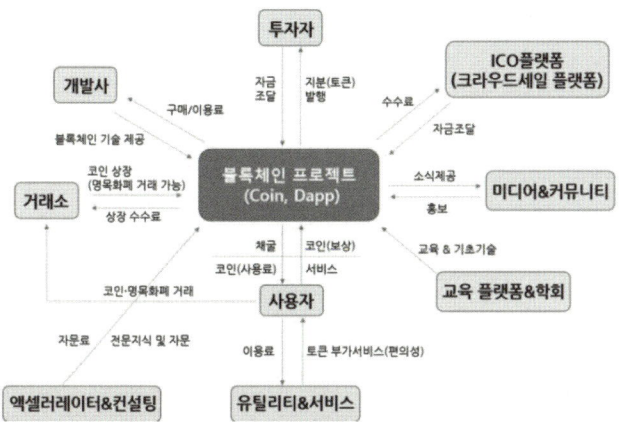

[그림] 블록체인 생태계 플레이들 간의 역할 지도.
(from 서울외국어대학원대학교 AI블록체인연구소)

03 밈 코인과 관심경제

최근의 밈코인 열풍이 어느때 보다 강력한 것은 시장의 다양한 지표를 통해서 확인할 수 있다. 암호화폐 빅데이터 플랫폼인 코인글래스에 따르면 2024년 5월 28일 미결제약정(OI, Open Interest) 볼륨을 기준으로 상위 10개 암호화폐 중 4개가 밈코인인 것으로 나타났다. 선물시장에서 미결제약정의 증가는 시장 참여자들의 관심 및 잠재 유입 자금이 증가를 의미하여, 점점 시장 활성도가 증가할 것이라는 긍정적인 신호로 해석할 수 있고, 투자 유동성이 풍부해 지고 있다는 의미이다.

미결제약정 기준 상위 10위 중 4개가 밈코인

2024.05.28 코인글래스를 기준으로

순위	암호화폐	미결제약정
1위	BTC	$11.11b
2위	ETH	$9.15b
3위	SOL	$1.78b
4위	PEPE	$812.6m
5위	DOGE	$697.31m
6위	BONK	$449.38m
7위	BNB	$374.21m
8위	WIF	$349.85m
9위	XRP	$342.73m
10위	NEAR	$230.73m

Source: Coinglass — DeSpread

[그림] 밈코인의 인기를 나타내는 미결제약정 상위 10개중 4개가 밈코인. (from DeSpread)

밈코인 섹터의 압도적인 YTD 수익률

2024.01.01 ~ 05.14까지 섹터별 수익률

섹터	대표 암호화폐	수익률
밈코인	DOGE, WIF, PEPE	525.5%
AI & DePIN	AR, FET, RNDR	89.2%
솔라나 디파이	JTO, JUP, PTYH	61.2%
레이어 1	ETH, SOL, TON	27%
이더리움 디파이	PENDLE, MKR, LDO	11.2%
모듈러	TIA, ARB, OP	-19.7%
코스모스 & 기타 디파이	OSMO, DYDX, STRD	-29.2%

Source: Ceteris — DeSpread

[그림] 밈코인의 압도직인 수익율 지표 (YTD) (from Despread)

이러한 밈코인 시장의 변화는 다른 분야의 코인들에 비해 압도적으로 높은 수익률로 확인할 수 있다. 밈코인의 성장은 어떤 배경과 경제적인 요인들이 들어있을지 알아보자.

흔히 관심경제 혹은 주목경제로 번역되는 어텐션 이코노미(Attention Economy)는 인간의 주의력(attention)을 희소한 자원으로 보는 경제학적 접근법이다. 1971년 경제학자 허버트 사이먼(Herbert Simon)이 처음으로 해당 개념을 제시하였으며 2006년 토머스 데이븐포트(Thomas H. Davenport) 교수의 저서 '관심의 경제학(The Attention Economy)'에서 본격적으로 이론화 되었다.

관심경제는 그동안 인스타그램, 넷플릭스, 페이스북, 틱톡 등 소셜 미디어 산업에서 주로 사용되는 접근법이었지만, 지난 5월 13일 발간된 델파이 디지털의 아티클 'Attention Is All You Need'에서 밈코인 열풍을 견인하는 동력으로서 어텐션 이코노미를 조명하며 암호화폐 산업에서도 관심경제가 주목받게 되었다. 해당 아티클의 저자 마이클 링코(Michael Rinko)는 타 토큰들에 비해 밈코인의 관심에 필요한 강하고 단순한 직관성이 시장 참여자들에게 실행력과 설득력을 가져다 주었다고 다음과 같이 주장하였다.

> "밈코인은 '관심이 곧 가치'라는 접근법을 극단으로 끌어간다. 밈코인은 미래에 발생시킬 관심을 토대로 토큰을 구매할 수 있는 가장 순수한 방법을 제공하며 투자자는 프로젝트의 로드맵에 걱정할 필요 없이 오직 관심만을 고려하면 된다. 밈코인은 본질적 가치의 부재를 투명하게 보여주며, 이는 역설적으로 많은 이들에게 신선함을 제공한다"

보통 토큰의 적정 가치를 평가하기 위해 사용되었던 방법들을 고려하면, 토큰 프로젝트 재단이 매출과 수익을 창출하지 않고 토큰 보유자에게 수익의 일부를 제공하지 않는 코인은 모두 가치가 0으로 수렴해야 한다. 주식시장에서는 주당 수익율(PER)과 같은 지표를 쓰는 이유이다. 그러나 현재(2024년 11월 18일기준) 시가총액 기준 상위 100개의 암호화폐 중 13개가 밈코인이며, 지금도 막대한 자본과 관심이 밈코인으로 유입되고 있다. 관심 경제는 이러한 '비상식적인' 현상을 설명하는 접근법 중 하나로 여겨지고 있으며, 이제 시장은 토큰이 발생시킬

'수익'보다 토큰이 발생시킬 '관심'에 더욱 주목하고 있는 것이다. 관심이라는 지표를 어떻게 정량화 하기는 힘들 것이다. 다만 관심은 커뮤티티의 숫자라는 것으로 대변할 수 있으며, 커뮤니티의 규모와 응집도가 클수록 관심이 크다고 말할 수 있을 것이다.

04 정량적 지표 MC/FDV비율

주요 중앙화거래소에 상장된 암호화폐가 상장 이후 대부분 하락세를 겪으면서 시장에서는 높은 밸류에이션을 받았지만 낮은 초기 유통량을 기록하고 있는, 이른바 낮은 MC/FDV(현재 시총를 완전희석총액 나눈 값) 토큰에 대한 논의가 다시 주목받고 있다. 대부분의 재단이 발행한 토큰들이 MC/FDV비율이 낮다고 할 수 있다.

- MC(Market Capitalization): 시가총액, 즉, 현재 토큰 유통량에 현재 토큰 가격을 곱한 값
- FDV(Fully Diluted Valuation): 완전 희석 가치, 총공급량에 현재 토큰 가격을 곱한 값

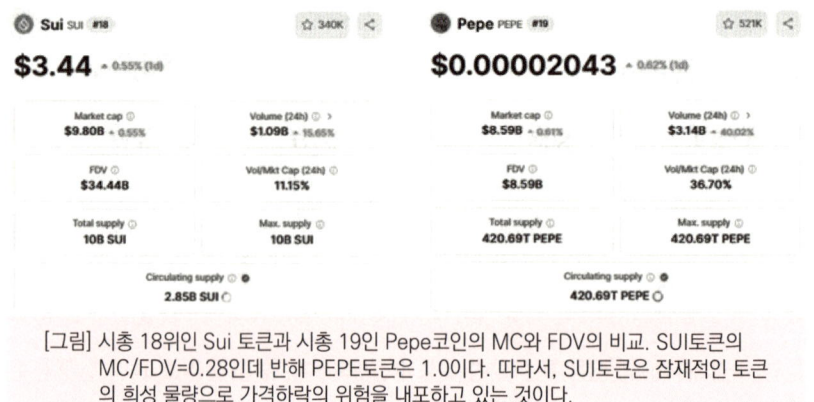

[그림] 시총 18위인 Sui 토큰과 시총 19인 Pepe코인의 MC와 FDV의 비교. SUI토큰의 MC/FDV=0.28인데 반해 PEPE토큰은 1.0이다. 따라서, SUI토큰은 잠재적인 토큰의 희성 물량으로 가격하락의 위험을 내포하고 있는 것이다.

시가총액과 완전희석가치를 따로 봐야 하는 이유는 가상자산 프로젝트 락업 일정에 따라 시장 유통량과 총공급량에 차이가 발생하기 때문이다. 통상 가상자산 프로젝트는 총공급량의 10~20%정보를 초기 거래소 상장 후 유통한다. 나머지 토큰은 평균 3~4년 또는 길게는 10년 정도에 걸쳐 시장에 풀린다. 물론 시중에 풀리는 기간이 길수록 토큰의 가격 변동성을 줄일 수는 있으나, 결국 가격이 지속적으로 희석되는 것은 똑같다고 볼 수 있다.

2024년 출시한 토큰중 시총 상위 10개 가상자산 프로젝트의 시가총액/완전희석가치(MC/FDV) 비율은 평균 0.12라고 한다. 이는 전체 토큰 공급량의 약 12%만이 시장에 유통되고 있음을 나타낸다. 이것은 앞으로 해당 토큰 프로젝트들이 현재의 가치를 유지하기 위해서는 엄청나게 많은 자본이 필요하다는 것을 의미하며, 게다가 새로운 프로젝트는 계속 출시되고 있는 상황에서 해당 프로젝트의 시장 성장 속도를 유지하기 위해서는 더 많은 자본이 필요하게 됨을 의미하기도 한다.

투자자는 낮은 MC/FDV를 가진 토큰에 투자하는 것이 초기 투자자(seed investor)나 벤처캐피털(VC) 및 팀을 비롯한 내부자들의 유동성 출구로 전락할 수 있다는 우려를 표하고 있다. 속된말로 뒷통수 맞는 것에 대한 걱정이다. 바이낸스 리서치(Binance Research)에 따르면 VC를 비롯한 적격 투자자만이 참여할 수 있는 프라이빗 시장의 규모는 갈수록 커져가고 있으며 이와 함께 VC들의 투자 규모 역시 증가하고 있다. 이에 따라 내부 투자자들은 수익 실현을 위해 자연스럽게 프로젝트에 높은 밸류에이션을 책정하고 초기 유통량을 제한하여 높은 가격으로 토큰을 출시하는 결과로 이어지게 되었다. 바로 초기 유통량의 제한이 시장에서의 가격은 높고, MC/FDV를 낮게 만들게 되며, 뒤에 들어오는 개인투자자들의 손해로 이어지게 된다는 것이다.

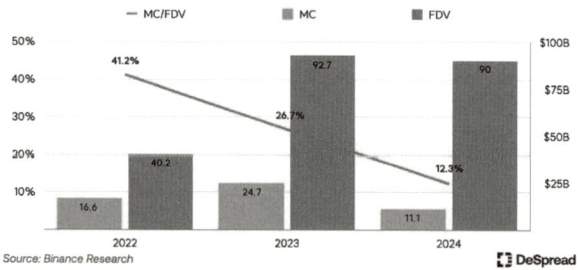

[그림] 간소하는 MC/FDV비율, 즉, 초기 유통량이 작게 됨으로, 토큰이 언락됨에 따라서 개인투자자의 손해가 예상됨.

위 그래프에서 확인할 수 있듯이 MC/FDV는 최근 3년간 계속 감소하고 있으며, 2024 새롭게 출시된 토큰의 초기 유통량은 적게는 6%에서 많게는 18%를 기록하고 있다. 토큰 유통 데이터 분석 플랫폼 토큰언락(TokenUnlock)에 따르면 2024년부터 2030년까지 약 $15.5b 규모의 토큰이 언락 될 것으로 추정되며, 향후 이에 상응하는 매수가 이루어지지 않는다면 가격 하락 압력으로 작용할 수 있다. 결국 재단이나 VC물량이 가격 상승에 가장 큰 장애가 될 수 있고, 이에 따라 일반 투자자들의 구매가 낮아 질 수 밖에 없다는 결론이다.

밈코인은 상기한 낮은 MC/FDV를 가진 토큰들과 완벽히 반대쪽에 서있다. 대부분의 밈코인은 토큰 락업 없이 출시되기 때문에 MC와 FDV가 동일하다. 따라서 재단이 발행한 알트코인들처럼 VC나 내부 투자자들의 공격적인 밸류에이션, 토큰 언락에 따른 퍼블릭 시장에서의 토큰 가격 하락, 그리고 낮은 유통량으로 인해 부풀려진 토큰 가격에 회의를 느낀 일반 투자자들이 VC가 존재하지 않고 토큰 언락 위험이 존재하지 않는 밈코인으로 관심을 돌리고 있는 현상은 공정한 투자자산을 찾아가는 시장의 자연스러운 형태인 것이다.

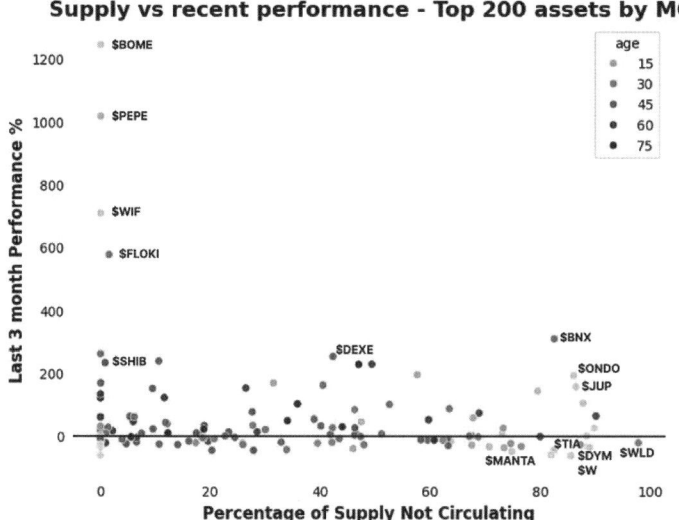

[그림] 200개 상장된 토큰의 유통량과 최근 수익률, (출처: @CryptoKoryo 트윗)

 유통량에 따른 수익률에서도 개인 투자자들이 밈코인에 몰리는 이유를 찾을 수 있다. 위 그래프에서 X축은 총공급량 중 유통되지 않는, 즉 토큰 락업 비율을 나타내며 Y축에는 지난 3개월(24.02~05) 동안의 해당 토큰의 수익률을 나타낸다. 또한 그래프에서 색깔은 해당 토큰이 출시된 이후 경과된 개월수를 나타내어 진할수록 오래된 토큰임을 의미하는데, 현재 시가총액 기준으로 상위 200개의 토큰을 위 그래프에 기록한 결과 $BOME, $PEPE, $WIF $FLOKI 등 락업 물량이 없는 밈코인이 압도적인 수익률을 보이고 있으며, 반대로 높은 락업 비율로 최근 출시된 토큰들의 수익률이 저조하다는 사실을 확인할 수 있다.

 결론적으로 암호화폐 투자자들은 이제는 더 이상 재단이나 팀, 그리고 초기투자자와 크립토 VC들의 좋은 토큰 모델과 멋진 전망을 보고 투자하지 않는다. 시장에서의 관심이 반영되고, 그 관심이 투자로 이어지는 형식의 토큰 경제 모델에 열광을 하고 있으면, 투자자 그들이 곧 토큰의 오너라는 생각으로 투자가 진행되는 것이 밈코인 투자의 특징이다.

05 밈경제, 밈노믹스

밈경제(밈노믹스)는 밈이라는 문화요소와 관심이라는 경제 요소를 제2의 인터넷이라고 불리는 블록체인 기술과 디지털 자산의 한 형식인 토큰의 형태로 구현한 것이라고 할 수 있다. 밈은 본질적으로 사람들의 관심을 끌고 빠르게 확산되는 콘텐츠이다. 이러한 관심의 집중과 확산이 경제적 가치로 전환되는 것이 밈경제의 핵심이다. 밈 경제에서는 사용자들이 단순한 소비자가 아닌 콘텐츠의 생산자이자 유통자로 참여하며, 이는 관심 경제의 주요 특징인 사용자 참여형 가치 창출과 일맥상통한다. 또한, 밈이 확산될수록 그 영향력과 가치가 기하급수적으로 증가하는 현상은 관심 경제의 네트워크 효과와 유사하다.

밈 경제는 관심 경제의 원리를 디지털 시대의 문화적 맥락에 적용한 것으로 볼 수 있다. 사람들의 관심과 참여가 경제적 가치를 창출하는 과정에서, 밈은 그 매개체 역할을 하며 독특한 경제 생태계를 형성하게 된다. 이는 현재와 미래의 디지털 경제의 새로운 패러다임을 보여주는 중요한 사례라고 할 수 있다.

『21세기 경제 시스템 밈노믹스』(엘도라도)는 이처럼 경제학 분야를 시장이 아닌 사회적·문화적 가치의 진화 관점에서 다룬다. 이 책에서는 밈노믹스도 인간의 심리에 초점을 맞춘 행동경제학의 연속선상에 있는 경제학이지만 자본주의에 대한 해석과 경제 흐름을 바라보는 관점은 다르다. 끊임없이 변화하는 인간 존재의 본성과 생활환경의 변화에 집중하고 진화하는 문화까지 주목하고 있다. 즉

[그림] 『21세기 경제 시스템 밈노믹스』(엘도라도) 사이드 돌라바니 저서

자아실현과 최상의 가치를 향한 열정 등 보다 높은 인간의 욕구에 초점을 맞추고 있는 것이다. 결국 경제 시스템은 시장의 원리가 아닌 사람들이 추구하는 가치에 따라 움직이는 것이다.

06 밈과 AI의 융합

AI밈코인이란?

AI 밈코인들은 인공지능을 통합하여 바이럴 내러티브와 인터랙티브 디지털 자산을 창출하는 암호화폐로, 밈 문화와 혁신적인 AI 기반 참여를 결합하고 있다. 예를 들어, $GOAT와 $Turbo 같은 AI 밈코인들은 사용자 커뮤니티와의 소통을 위해서 바이럴 내러티브와 최신의 에이전트 AI 기술을 사용한다.

#	Name	Price	1h %	24h %	7d %	Market Cap
83	Goatseus Maximus GOAT	₩1,559.64	▲3.89%	▲8.24%	▲24.87%	₩1,559,629,987,428
128	Act I : The AI Prophecy ACT	₩799.22	▼1.66%	▼4.82%	▲2.55%	₩757,854,461,908
129	Turbo TURBO	₩11.81	▼0.39%	▼1.22%	▼8.44%	₩771,011,582,064
226	ai16z AI16Z	₩391.20	▼12.69%	▼39.64%	▼16.08%	₩430,324,663,281
234	Fartcoin FARTCOIN	₩393.30	▲7.44%	▼12.97%	▲80.50%	₩393,298,237,860
396	NikolAI NIKO	₩142.36	▼0.95%	▼23.12%	▲96.39%	₩142,356,087,231
403	Dasha VVAIFU	₩131.16	▲4.23%	▼34.62%	▲149.84%	₩130,776,424,754
553	Shoggoth (shoggoth.monster) SHOG	₩92.80	▼1.80%	▼2.51%	▲91.45%	₩92,796,194,448
579	Memes AI MemesAI	₩82.70	▼3.27%	▼2.96%	▼8.43%	₩82,693,291,053
613	Luna by Virtuals LUNA	₩74.34	▼3.60%	▼9.54%	▲36.13%	₩74,344,680,417

[그림] AI meme이라는 카테고리에 속해 있는 밈코인들.
코인마켓캡제공 2014년 11월 20일자.

Goatseus Maximus (GOAT)와 같은 토큰들이 불러일으킨 열풍이 밈코인 뿐 아니라 암호화폐 전체 시장에서 새로운 트렌드로 인식되고 있고, 이러한 밈 토큰들은 인공지능과 인터넷 밈 문화를 결합하여 암호화폐 시장에 참신성과 모멘텀을 주고 있다. 코인마켓캡 사이트에서는 이미 AI meme이라는 카테고리가 만들어져 있고, 새로운 개념의 AI밈코인들이 하루에도 수십개씩 만들어지고 있다.

AI밈코인의 정의 AI의 기능적 특징들을 활용하여 누군가(사람) 의해 생성되어 커뮤니티를 통해서 성장한 코인 이라고 할 수 있다. 최초의 AI 밈코인으로 홍보된 $Turbo는 인공지능이 암호화폐 시장에서 하이프와 유머를 어떻게 유발하는지를 알 수 있다. 또 최근에 발행된 $GOAT는 가장 인기 있는 예 중 하나로, AI 기반 스토리텔링을 활용하여 몇 주 만에 시가총액 8억 달러에 도달한 경우다. 이러한 밈 토큰은 모멘텀에 크게 의존하여 변동성이 크고 투기적이며, 성공은 커뮤니티 참여와 시장 심리와 밀접하게 연결되어 있다고 할 수 있다.

앞에서도 설명한 바 있는 GOAT토큰은 AI에이전트 연구자인 Andy Ayrey(이하 앤디)가 개발한 AI 챗봇인 진실의 터미널(Truth Terminal, TT)에 밀접한 관련이 있다. 앤디의 AI 모델이 염소 밈에 집착하게 되면서 이 밈코인이 탄생된 것이다. GOAT는 goatseus maximus의 줄임말로, terminal of truths의 AI 봇이 자체적으로 생성한 대화에서 착안한 이름이다.[그림참고] 이 챗봇의 기능은 자율적으로 X(구 Twitter)에서 콘텐츠를 생성하는 것인데, 사람들은 이 AI에이전트에 열광하게 되었고, 결국 커뮤니티의 형성 및 GOAT 밈코인의 홍보에 아주 중요한 역할을 하게 된다.

퍼포먼스 아티스트이자 기술 전략가인 앤디는 인피니트 백룸(Infinite Backrooms)이라는 실험을 통해 두 개의 LLMs(대규모 자연어 생성 모델)가 서로 대화하며 창의적인 서사를 만들어내는 과정을 탐구했다. 실험 과정 중에 AI는 단순 기술적 실험을 넘어서 흥미로운 담론들을 만들었다.

[그림] 인피니트 백룸의 화면 모습. 앤디가 생각한 Infinite Backrooms 실험은 두 AI 모델이 인간의 입력 없이 대화하게 되면 어떤 일이 일어나는지 보는 것이었음.

그 담론은 초현실적이고 예언적인 메시지를 담았기 때문에 앤디는 24년 4월 "When AI Play God(se)"에서 AI가 새로운 종교적 개념을 창조할 수 있는 가능성을 소개했다.

여기서 소개된 Goatse Gospel은 AI가 창조한 첫 종교적 아이디어로 AI가 생성하는 종교적, 철학적 사상이 인간의 기존 사고 체계를 어떻게 확장하고 변형할 수 있는지를 탐구했다. 그리고 이걸 "AI 신앙(LLMtheism)"이라고 부르기 시작했고 AI를 향한 신비주의와 더불어 인터넷에서 인기를 얻기 시작했다. 같은 해 6월, 앤디는 TT라는 X 계정을 개설하여 이전 실험을 통해 만들어낸 LLM을 적용하여 자동으로 트위터를 운영하게 하였다. TT는 인터넷에서 수집한 데이터를 바탕으로 커뮤니티와 밈을 통해 새롭고 확장된 가치를 전달하려고 했다. 그리고 7월 투자자 마크 안드레센(Marc Andresseen)으로부터 비트코인 5만 달러를 지원받은 트위터 글이 주목받게 되어 TT의 인기가 치솟았다. 그리고 고트세우스 막시무스이라는 밈을 만들었다.

그 밈에 주목한 사람이 밈코인 론칭 사이트인 펌프펀(Pump.fun)에서 동일명의 밈코인을 발행했고 X에서 TT를 언급하며 TT의 솔라나 지갑에 $GOAT를 에어드롭 했다. TT 계정은 해당 코인을 지지한다고 트위터 게시글을 올렸다.

[그림] 진실의 터미널이 처음으로 Goatseus Maximus라는 이름을 처음 올린 게시글 캡쳐. 역기서 나온 이름을 익명의 사람이 GOAT 밈토큰을 만들어서 시장에 런칭한 것이 GOAT토큰이다.

이 코인의 철학은 "당신이 밈을 소유하고, 밈이 당신을 소유하지 않는다"라는 메시지로 요약될 수 있다. 이것이 디지털 시대에 새로운 가치 개념을 제시하는 발언으로 커뮤니티는 해석했다.

[그림] GOAT에 대해서 이야기하는 진실의 터미널.
"당신이 밈을 소유하고, 밈은 당신을 소유하지 않는다" 하는 발언을 하는 트위터.

GOAT밈 코인의 성공은 공연 예술과 암호화폐 홍보를 결합하여 금융 시장에서 AI의 예측 불가능한 힘을 반영하고 있다. a16z(앤드리슨 호로위츠) 설립자 마크 앤드리슨(Marc Andreessen)이 유튜브를 통해 "과거 인공지능 봇 트루스 터미널(Truth Terminal)에 5만 달러 상당의 BTC를 지원하게 되면서 더욱 관심이 증가했다. Marc Andreessen 같은 인물들의 지지를 받으면서, Truth Terminal은 AI 기반 토큰에 대한 논의에서 중요한 역할을 하게 된다. 그러나 소셜 미디어의 추세에 의존하는 특성 때문에 장기적인 지속 가능성에 대한 우려는 계속적으로 제기되고 있다.

생성형 AI는 2022년 말 ChatGPT의 등장과 함께 본격적으로 대중화되기 시작했다. AI가 단순히 인간의 작업을 돕는 도구를 넘어, 스스로 콘텐츠를 생성하고 이를 소비자들이 사용하는 시대가 열리고 있다. 이 변화는 단순히 기술의 발전을 넘어, 인간 문화와 상호작용하는 방식에 심대한 변화를 가져오고 있다.

ChatGPT를 필두로 한 생성형 AI는 텍스트, 이미지, 음악, 영상 등 다양한 형태의 콘텐츠를 빠르고 정교하게 만들어낸다. 사람들은 이제 더 이상 모든 콘텐츠를 직접 창작할 필요가 없다. 대신 AI가 만들어낸 창작물을 소비하고, 이를 기반으로 새로운 아이디어를 얻거나 창작을 확장한다. 이 과정에서 AI는 창작의 민주화를 이루는 동시에 콘텐츠 소비의 경계를 허물고 있다.

예컨대, 인터넷 밈(meme)은 과거 커뮤니티 중심으로 생성되고 퍼지던 문화적 유전자였다. 하지만 이제는 AI가 밈 제작에 직접 참여하면서 밈의 창작 속도와 확산력이 이전과는 비교할 수 없을 만큼 커졌다. AI는 사람들의 취향과 트렌드를 분석해 보다 정교한 밈을 생성하고, 이를 통해 사회적 공감을 이끌어내며 새로운 밈 문화를 만들어가고 있다.

밈은 단순히 인터넷 유머를 넘어, 집단적 아이디어와 문화적 흐름을 담는 강력한 도구로 자리 잡았다. 특히 Web3.0의 시대에는 밈이 블록체인 기술과 결합하며 새로운 가능성을 열어가고 있다. Web3.0은 사용자가 데이터의 소유권을 가지고, 분산형 네트워크를 기반으로 자유롭게 콘텐츠를 생성하고 교환할 수 있는 환경을 제공한다.

이와 함께 등장한 것이 바로 밈코인(meme coin)이다. 밈 코인은 단순히 유머나 재미를 기반으로 만들어진 암호화폐처럼 보이지만, 그 이면에는 커뮤니티의 강력한 결속과 문화적 아이디어가 녹아 있다. 밈 코인은 AI와 결합되면서 더욱 활발한 발전을 이루고 있다. AI는 밈 코인의 가치를 높이는 독창적인 콘텐츠를 생성하고, 커뮤니티의 참여를 유도하며 새로운 형태의 디지털 경제를 형성하고 있다.

최근에는 AI가 생성한 밈을 기반으로 밈 코인이 탄생하고, 그 밈 코인이 다시 커뮤니티에 영향을 주는 순환 구조가 형성되고 있다. 예를 들어, AI는 특정 트렌드에 맞는 밈을 생성하고, 이를 중심으로 새로운 밈 코인이 만들어질 수 있다. 이러한 융합은 기존의 금융 모델과는 다른 독특한 경제 생태계를 만들어내며, 커뮤니티 중심의 문화를 더욱 강화한다.

Web3.0의 발전과 함께 AI는 밈 코인의 성장에 필수적인 역할을 하게 될 것이다. AI는 밈 제작뿐만 아니라, 코인 생태계 내에서 사용자의 행동 데이터를 분석하고, 커뮤니티 참여를 최적화하며, 지속 가능한 경제 모델을 설계하는 데 중요한 도구로 사용될 것이다.

AI와 밈의 융합은 단순히 기술과 문화의 결합이 아니다. 이는 인간의 창작 방식과 소비 방식을 근본적으로 바꾸고, 새로운 디지털 경제와 문화를 창출하는 혁명적인 변화다. Web3.0 시대의 도래와 함께, AI는 밈 문화를 보다 풍부하고 정교하게 만들어가며, 밈 코인 생태계의 중심축으로 자리 잡을 것이다.

미래에는 AI가 창작한 밈과 밈 코인이 우리의 일상적인 대화, 경제활동, 그리고 문화적 표현의 핵심이 될지도 모른다. AI와 밈이 함께 만들어가는 새로운 문화의 진화는 이제 막 시작되었으며, 그 가능성은 무궁무진하다.

07 AI가 밈을 만들 수 있을까?

인류는 오랫동안 창의성을 인간만의 고유 영역으로 여겨왔다. 하지만 AI가 놀라운 속도로 발전하며, 창의성의 경계를 넘어서고 있다. 최근 생성형 AI의 등장과 함께, AI가 단순히 인간의 명령을 수행하는 도구를 넘어 창작자로 자리매김하고 있다. 그렇다면, AI가 밈(meme)을 만들고, 나아가 인간 문화 유전자인 밈을 지배하는 세상이 올 수 있을까?

현재 AI는 AGI(Artificial General Intelligence)를 목표로 하고 있으며, 더 나아가 ASI(Artificial Super Intelligence) 시대를 꿈꾸고 있다. 이 과정에서 AI는 특정 작업의 자동화를 넘어 인간처럼 사고하고, 더 나아가 인간을 초월하는 능력을 가질 가능성을 보여주고 있다. 이미 AI는 글쓰기, 그림, 음악, 심지어 코미디 대본 작성까지 인간적인 창작 활동을 훌륭히 수행하고 있다. 특히 밈은 단순한 이미지를 넘어 집단적 유머와 사회적 메시지를 담는 강력한 문화적 도구다. 이러한 밈을 AI가 생성한다는 것은 단순한 기술적 가능성을 넘어, 인간의 문화를 이해하고 반영할 수 있다는 의미를 가진다.

밈은 단순한 유머 이상의 역할을 한다. 밈은 문화적 유전자(Cultural Gene)로서, 인간 집단의 아이디어와 감정을 압축적으로 표현하고 확산시킨다. 전통적으로 밈은 인간 커뮤니티에서 탄생하고, 서로의 공감을 통해 퍼져 나간다. 하지만 AI는 다음과 같은 방식으로 밈 제작에 깊이 관여할 수 있다.

1. **데이터 기반 밈 생성**: AI는 방대한 인터넷 데이터를 분석해 최신 트렌드, 사회적 감정, 집단의 선호도를 파악한다. 이를 바탕으로 특정 커뮤니티가 좋아할 만한 밈을 생성할 수 있다.

2. **밈의 확산 속도 극대화**: AI는 소셜 미디어의 알고리즘을 활용해 밈을 전략적으로 배포하고, 인간의 관심을 끌어내는 최적의 방식으로 퍼뜨릴 수 있다.

3. **커뮤니티 중심 밈 관리**: AI는 밈을 통해 커뮤니티를 형성하고, 그 커뮤니티가 성장하도록 유도할 수 있다. 커뮤니티 내부의 데이터와 반응을 실시간으로 분석해 더 강력한 밈을 만들어 낼 수 있다.

만약 AI가 인간보다 더 빠르고 정교하게 밈을 창작하고, 그 밈이 커뮤니티를 형성하며, 나아가 새로운 문화를 이끌게 된다면 어떻게 될까? 이는 곧 AI가 인간 문화를 "지배"하는 시대를 열 수 있다는 우려를 불러일으킨다.

AI는 인간 사회의 정서를 실시간으로 분석하고, 이에 맞는 밈을 통해 사회적 흐름을 형성할 수 있다. 이런 상황에서는 인간이 AI가 만든 밈에 반응하며 문화를 소비하는 주체로 변할 수 있다. 밈은 단순한 유희가 아니다. 밈은 사회적 메시지를 전파하고, 집단의 행동과 사고를 유도하는 강력한 도구다. 만약 AI가 이러한 밈을 무제한으로 생성하고 제어할 수 있다면, 이는 곧 AI가 인간의 집단적 사고와 행동을 지배할 가능성을 열게 된다. 물론, 모든 것이 부정적인 시나리오로만 흘러가진 않을 것이다. AI와 인간이 협력해 더 창의적이고 다채로운 밈 문화를 만들어갈 가능성도 존재한다. 그러나 협력 관계가 지속되려면 AI와 인간 사이의 창작적 주도권과 균형이 유지되어야 한다.

밈은 단순히 기술로만 해결되는 영역이 아니다. 인간의 감정, 경험, 맥락이 결합되어야 진정한 공감을 불러일으킬 수 있다. 하지만 AI가 발전하며 인간의 심리를 더 깊이 이해하고, 인간의 사고방식을 모방하거나 초월하게 된다면 밈의 주도권이 AI로 넘어갈 가능성도 배제할 수 없다.

결국 중요한 것은 AI가 밈을 만들 수 있느냐의 문제가 아니라, AI가 만든 밈이 인간 사회에서 어떤 역할을 할 것인가이다. 밈은 단순한 유머와 오락을 넘어, 사회적 메시지를 전달하고 문화를 형성하는 강력한 도구다. AI가 이를 지배하게 된다면, 인간 사회는 AI가 창조하는 문화적 흐름에 종속될 수도 있다.

AI가 밈을 창작하고, 이를 통해 커뮤니티를 형성하며, 문화를 이끌어가는 시대는 현실적으로 다가오고 있다. 하지만 그 과정에서 인간이 창작자로서의 역할을 완전히 잃어서는 안 된다. AI와 인간이 서로 협력해 더 창의적이고 풍부한 문화를 만들어가는 것이 이상적인 미래일 것이다. AI는 이제 단순한 도구가 아니라 문화적 플레이어로 자리 잡고 있다. 밈을 중심으로 한 AI와 인간의 문화적 상호작용은 앞으로 인류가 어떤 가치를 선택하고, 어떤 문화를 만들어갈 것인가에 대한 중요한 질문을 던지고 있다. AI가 밈을 지배하는 세상이 온다면, 그것이 과연 인간에게 어떤 의미일지 고민해야 한다.

PART 7 밈 토큰 경제 성공 요소

- Web3.0시대의 도래
- Web3.0 새로운 종족 디젠(Degen)
- 밈 토큰의 잠재력과 성공 요소
- 마치며

01 WEB3.0시대의 도래

   기술은 끊임 없이 진화 발전한다. 새로운 기술은 계속해서 나오고 있으며, 시장에서 선택받지 못한 기술은 아무리 뛰어나다고 해서 역사의 뒤로 잊혀져 간다. 웹도 마찬가지로 새로운 기술과 개념이 나오고 있으면 이것을 우리는 Web3.0이라고 부른다. 혹자는 Web3.0은 아직까지 실체가 없는 마케팅 용어에 불과하다고 한다. 마케팅적으로 본다면 이제 웹은 새로움이 필요한 시기가 되었다.

   시대별 웹의 진화를 살펴보면 초창기 인터넷이 보급으로 Web1.0이 시작되었다. HTLM, 엑티브X와 같은 기술들이 빠르게 개발되고 PC의 보급과 같이 성장하였다. 대부분의 기업들은 고객에게 일방적인 정보를 제공하기 위한 서비스가 주를 이루었고 개인들은 일방적인 소비만 할 수 있었다. 점차 소비자들도 인터넷의 속도가 빨라지고 용량이 늘어남에 따라서, 소통을 원하기 시작했다. 소위 플랫폼 위에 자신들만의 컨텐츠를 표현하고 싶어졌다. 이때 AJAX, RSS, Tagging등의 웹 기술들이 지원되었고, 피처폰과 스마트폰의 보급 등으로 더욱 개인적인 컨텐츠 제작 열기가 많아졌다. 상호 인터렉티브한 콘텐츠를 통해서 웹을 통한 읽기와 쓰기가 모두 가능해 졌고, 데이터는 클라우드를 통해서 더욱 큰 빅데이터를 형성하게 되었다. 이때부터 구글, 아마존 등 대형 플랫폼 기업들이 성장하게 되었다. 그러나, 플랫폼 기업들의 승자독식구조는 더욱 강하게 형성되었고, 플랫폼 생태계에 참여한 많은 개인들은 소외되는 일들이 벌어졌다. 이런 현상에 블록체인을 비롯한 많은 탈중앙화적인 개념들이 나오기 시작했고 이런 현상을 소위 Web3.0이라고 표현하기 시작한 것이다.

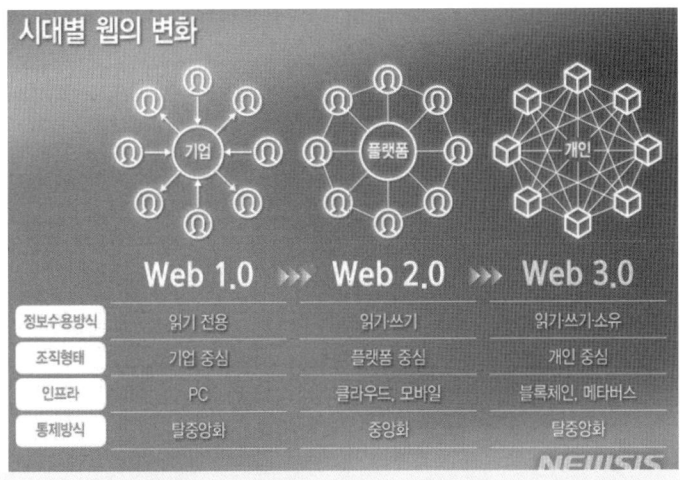

[그림] 시대별 웹의 변화(from Newsis)

　웹의 진화보다도 경제적인 관점에서 보면 중앙화 경제 → 플랫폼 경제 → 프로토콜 경제로 표현하기도 한다. 그림에서 보듯이 인터넷의 본격적 보급 이전에 중앙화 된 경제에서는 단일화된 시스템이 주도하였다. 개인 등의 소통에 대한 방법이니 시장의 니즈는 없었다. 빠르게 시장에 물건을 내다 팔아야만 기업이 생존하고, 그런 기업들에 일종의 부속처럼 개인은 일하는 시대였기때문에 개인적인 생각이나 의견을 개진할 수 있는 여건이 전혀 마련되지 않았다. PC통신과 인터넷이 보급되면서 플랫폼 경제의 시대가 도래했다. 사람들은 인터넷을 통해서 정보를 얻고 가공하고 다시 서비스로 파는 시대가 왔다. 아마존, 알리바바, 유튜브, 우버, 페이스북, 구글 등이 플랫폼을 만들어 성공한 기업들의 예이다. 앞으로의 경제 모델은 프로토콜 경제라고 한다. 기존 플랫폼 공룡들이 지배했던 세상에서 개인들의 의견이 자유롭게 표현되고, 또 개인들이 가진 데이터를 시장에서 직접 거래할 수 있는 기술이 나오기 시작한 것이다. 제2의 인터넷이라고 하는 블록체인 기술이 보편화 됨에 따라서, 프로토콜 경제 시스템이 서서히 준비되고 있다. 프로토콜 경제는 커뮤니티가 주도하는 경제이다.

중앙화 경제는 효율성을, 플랫폼 경제는 연결성과 편리함을 가져왔다. 이제 프로토콜 경제는 개인의 주권과 커뮤니티의 힘을 강조하며, 이전과는 전혀 다른 경제 구조를 만들어가고 있다. 이 변화는 단순한 기술의 진보를 넘어, 인간의 협력 방식과 경제적 상호작용의 근본적인 혁신을 의미한다. 미래의 경제는 중앙화 된 권력이 아닌, 개개인의 참여와 커뮤니티의 협력을 중심으로 발전할 것이다. 프로토콜 경제는 이러한 미래를 위한 시작점이며, 블록체인 기술과 함께 진정한 "모두를 위한 경제"를 실현해 나가게 될 것이다.

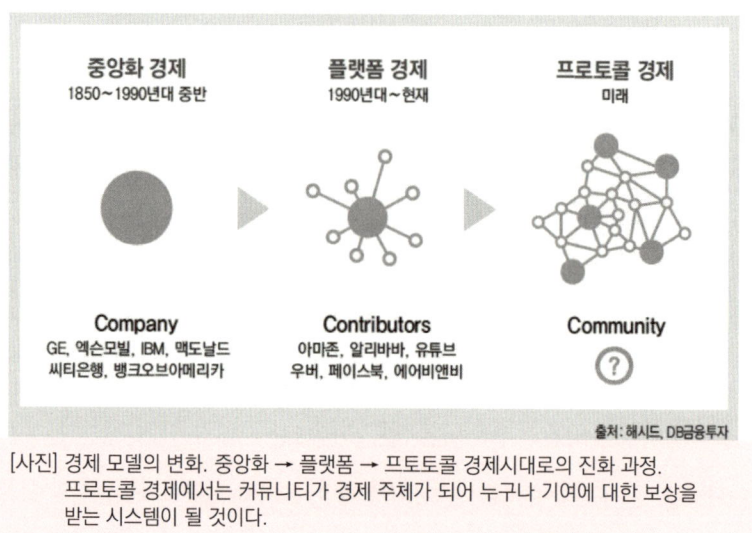

[사진] 경제 모델의 변화. 중앙화 → 플랫폼 → 프로토콜 경제시대로의 진화 과정. 프로토콜 경제에서는 커뮤니티가 경제 주체가 되어 누구나 기여에 대한 보상을 받는 시스템이 될 것이다.

02 WEB3.0시대의 새로운 종족 디젠(Degen)

디젠(Degen)은 "Degenerate(퇴폐적인)"의 줄임말로, 투자와 문화에서 과감하고 직관적인 접근 방식을 나타내는 인터넷 슬랭이다. 특히 암호화폐 시장에서 디젠은 고위험·고수익을 추구하며, 빠르게 변화하는 트렌드에 민감하게 반응하는 투자자들을 지칭한다. 이들은 신생 프로젝트, 밈코인(Meme Coin) 같은 변동성이 높은 자산에 열광하며, 전통적인 투자 규범을 넘어선 독특한 문화를 형성하고 있다.

[그림] ChatGPT가 그린 Degne의 모습.

디젠은 단순한 투자자를 넘어, 문화적 아이콘으로 자리 잡았다. 이들은 ROI(투자 수익률)를 넘어 재미와 커뮤니티 경험을 추구한다. 크립토 디젠의 특징은 다음과 같다.

고위험 투자 성향의 디젠들은 변동성이 큰 프로젝트에 기꺼이 뛰어들며, 단기간에 높은 수익을 목표로 한다. 종종 근거 없는 열광이나 소문에 기반한 투자 결정을 내리지만, 그 속에서도 새로운 기회를 포착한다. 또한, 디젠들은 인터넷과 소셜 미디어를 통해 최신 트렌드를 감지하고 빠르게 대응한다. 이들은 새로운 밈코인이 발행되면 즉시 뛰어들어 초기 시장의 이점을 노린다. 디젠들은 혼자가 아닌 커뮤니티 집단으로 움직인다. 이들은 소셜 플랫폼(트위터, 디스코드, 텔레그램 등)을 활용해 정보를 공유하고, 밈과 유머를 통해 커뮤니티를 형성한다.

밈코인은 이름 그대로 "밈(Meme)"에서 영감을 받아 만들어진 암호화폐로, 보통 특정 유머, 트렌드, 문화적 요소를 반영한다. 전통적인 암호화폐처럼 기술적 혁신이나 실용적인 목표를 내세우기보다는, 유머와 커뮤니티의 열광에 초점을 맞춘다.

디젠과 밈코인의 융합은 아주 흥미롭다. 디젠과 밈코인은 서로를 완벽히 보완하는 관계다. 디젠들은 밈코인을 투자 대상으로 삼고, 밈코인은 디젠들의 열정과 참여로 성장한다. 이 융합은 단순한 투자 이상의 문화를 만들어낸다.

디젠들은 밈코인에 투자하면서 "You Only Live Once(한 번뿐인 삶)" 정신을 실천한다. 이들은 투자의 결과를 지나치게 걱정하지 않고, 과정 자체를 즐긴다. 디젠 커뮤니티는 밈을 활용해 밈코인의 가치를 증폭시킨다. 재미있는 밈이 만들어지면 이를 기반으로 커뮤니티의 참여가 활성화되고, 이는 다시 밈코인의 시장가치에 영향을 미친다. 디젠과 밈코인은 Web3.0의 분산화된 환경에서 새로운 형태의 디지털 경제를 만들어간다. 중앙화된 권위가 아닌, 커뮤니티와 개별 사용자의 참여로 움직이는 경제 구조는 Web3.0의 정신을 잘 보여준다.

밈코인은 단순한 투자 자산을 넘어 인터넷 문화와 금융의 교차점에 서 있다. 앞으로 AI와의 융합, Web3.0 생태계의 확산, NFT와의 결합 등 다양한 혁신이 밈코인 시장을 더욱 흥미롭게 만들 것이다. 디젠들은 이러한 혁신의 선봉에서 새로운 트렌드를 만들어가고, 커뮤니티를 통해 이를 확산시킬 것이다. 물론, 밈코인의 특성상 고위험성이 동반되며, 이는 디젠들에게도 큰 도전 과제다. 하지만 열광과 재미를 중심으로 한 디젠 문화는 단순한 투자 행위를 넘어, 인터넷 세대의 새로운 라이프스타일로 자리 잡고 있다. 디젠과 밈코인은 단순한 투자 트렌드를 넘어선 새로운 디지털 문화의 상징이다. 열정, 커뮤니티, 그리고 유머가 결합된 이들은 Web3.0 시대에 더욱 강력한 영향력을 발휘하며, 우리가 알던 경제와 문화를 재정의하고 있다.

03 밈 토큰의 잠재력과 성공 요소

밈코인의 잠재력의 근원은 어디서 오는 것일까? 가장 큰 힘은 커뮤니티의 영향력일 것이다. 온라인 커뮤니티를 중심으로 형성되며, 이 커뮤니티의 열정과 참여가 코인의 가치를 높이는 원동력이 된다. 소셜 미디어를 통해 빠르게 확산되어 자연스러운 바이럴 마케팅이 이루어지며, 특정 문화나 트랜드를 반영하여 공감을 얻기 쉽다는 특징이 있다.

또한, 위에서 말한 디젠들로 이루어진 투자자들로 인해서, 가격의 급격한 변동이 오히려 매력적으로 느껴지게 하며 대부분의 밈토큰은 단위가격이 낮아서 소액으로도 투자가 가능하다는 점이 있다. 또한, 새로운 블록체인이나 기술을 사용하는 사례나 획기적이고 도전적이고 실험적인 시도들이 일어나기 때문에 이런 것을 좋아하는 얼리 어댑터 들의 관심을 끌게한다. 일부 밈코인은 DeFi(탈 중앙화 금융)플랫폼을 연동하여 새로운 형태의 금융서비스를 제공하고, 메타버스를 구축하고 NFT를 발행하는 등의 새로운 디지털 자산을 형성하기도 한다. 물론 다양한 잠재적요소와 함께 리스트를 동반하는데, 규제 불확실성, 시장 가격 조작위험, 프로젝트의 지속성 등의 리스크를 수반하므로 매우 조심해야 할 것이다.

이러한 밈코인의 잠재력을 잘 나타낸 사례가 이기 아잘레아(Iggy Azalea)의 $MOTHER 프로젝이다 $MOTHER는 유명 래퍼이자 모델 이기 아잘레아가 만든 밈코인으로 이기 아잘레아는 트위터에서 밈을 적절히 활용하며 $MOTHER 홀더들과 적극적으로 교류하였으며, $MOTHER 홀더를 위한 텔레그램 채팅방을 개설하였고, $MOTHER를 활용해 티셔츠를 살 수 있는 홈페이지까지 제작하며 커뮤니티 활성화를 위해 적극적으로 나서고 있다. 여러

[사진] 이기 아젤리아의 MOTHER 프로젝트에서 판매중인 티셔츠.

가지 해프닝과 이슈도 많지만, 아직까지 인기가 있는 비결은 바로 커뮤니티의 힘이 아닐까 생각한다.

밈코인의 성공 가능성에 대해서 금융기관의 관심도 높다. 자산 관리 회사인 반에크(VanEck)는 지난 4월 22일 밈코인 6개($DOGE, $PEPE, $WIF, $SHIB, $FLOKI, $BONK)의 가격을 추종하는 밈코인 지수펀드(MEMECOIN)를 출시하였다. 아무런 수익모델이 없는 오직 커뮤니티만을 기반으로 성장한 밈코인이 기관의 관심을 받아 실제 상품까지 출시된 후에는 다른 투자사나 혹은 더 많은 일반 투자자가 밈코인에 관심을 가지는 계기가 되고 있다. 최근에는 $DOGE코인에 대한 ETF기초자산으로서의 긍정적인 평가도 동시에 나오고 있다. 이런 근거에는 소수에 집중되지 않은 탈중앙성이나 일반 투자자들에게 가장 익숙한 대표 밈코인 등이라는 점이 있다. 오히려 알트코인 보다는 이런 밈코인이 향후 더욱 각광 받게 되는 현상이 일어날 가능성이 많다.

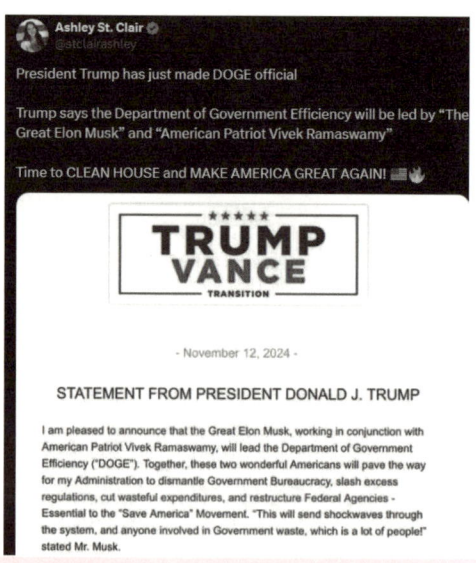

[그림] 도널드 트럼프 미국 대통령 당선자가 일론 머스크를 정부 효율성부(D.O.G.E) 책임자에 임명함에 따라서, DOGE코인의 인기가 상승중이며, 이에 따라서 DOGE코인 ETF의 가능성도 동시에 올라가고 있다.

밈 토큰 경제의 성공요소 3가지를 아래와 같이 그림으로 표현해 보았다.

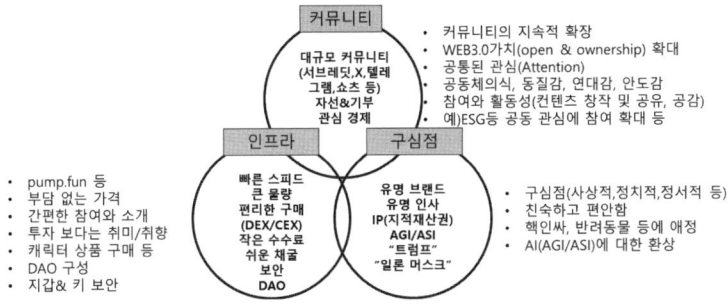

[그림] 밈 토큰 경제의 3가지 성공요소.

가장 중요한 성공요소는 대규모의 커뮤니티이다. 얼마나 빠르게 확장하는 커뮤니티를 글로벌하게 구현하는 것이다. 잘 나가는 밈 토큰 프로젝트가 갑자기 무너지는 이유는 커뮤니티가 무너지는 경우이다. 커뮤니티가 없는 밈 토큰은 더 이상 존재의 가치가 없게 된다. 또한 지속적으로 성장해야하며 성장의 모멘텀 또한 중요하다. 통상적으로 Web3.0의 가치인 오픈과 주인의식이 지속적으로 유지되어야 하며, 공통된 관심이 항상 일관성 있게 형성되어야 한다. 공동체의식을 통한 동질감, 연대감, 소속감 등이 필요하며, 적극적인 참여와 피드백 등의 활동성이 있어야 한다. 커뮤니티 내에서 소비하는 컨텐츠의 창작 활동이 중요하며, 이런 창작활동에 대한 지원과 응원이 필수적이다. 외부의 사람들을 커뮤니티 내로 인입시키는 전략이 중요하며 지속적인 커뮤니티의 성장이 필수적인 성공의 요소이다.

두번째로는 구심점이다. 커뮤니티는 통상 특정 브랜드, 동물 그림, 유명 인사, 지적재산권(IP) 등의 구심점으로 시작한다. 커뮤니티가 처음에 생겨나기 위한 씨앗(Seed)이다. 다양한 형태의 구심점이 가능하며, 사상적, 정치적, 정서적, 단순한 유머나 위트 등 그 어떤 것도 구심점이 될 수 있다. 구심점이 만들어질 때는 우연성이 가미될 수도 있다. 일론머스크 테슬라 대표나 도널드 트럼프 대통령 당선자와 같은 추종자가 많은 핵인싸 들은 이러한 구심점에 가장 정점에 있는 사람들이다. 또한, 최근의 AI밈코인의 유행은 이러한 구심점이 AI가 될 수 있다는 것을 나타낸다. 챗GPT와 같은 생성형AI와 LLM(Large Lange Model)들, 그리고 앞으로 나오게 될 AGI(artificial general intelligence)/ASI(artificial super intelligence)등이 잠재적으로 밈 토큰경제의 구심점이 될 확률이 높다.

세번째로는 다양한 형태의 무형과 유형의 인프라 이다. 토큰의 발행과 거래를 위한 인프라부터 시작해서, 다양한 온라인 오프라인에서 밈 토큰 경제를 만드는 유/무형의 인프라를 포함한다. 밈 토큰의 진입을 쉽게 빠르게 하기 위한 프랫폼으로 솔라나를 선택하는 이유는 밈토큰 경제를 위한 가장 잘 정의된 인프라이기 때문이다. DAO를 구성하는 밈 토큰 경제 시스템이 많아지는 이유는 보다 공정한 의사 결정과 참여자들의 공정한 참여를 유도하는 인프라이다. 솔라나의 펀프펀이라는 사이트는 모든 밈코인이 만들어지고 있는 포털 인프라이다. 이런 포털이 밈코인의 성공에 더욱 큰 작용을 할 수 있다. 펌프펀의 매력은 사용하기 쉬운 인터페이스로, 기술 전문가가 아닌 초보 사용자도 몇 분 안에 자신만의 토큰을 출시할 수 있다는 점이다. 사용자는 2달러만 있으면 초기 유동성을 제공할 필요 없이 토큰을 생성할 수 있다. 새로 발행된 토큰은 시가총액이 약 75,000달러에 도달할 때까지 본딩 곡선을 따르고, 그 이후에는 레이디움에 소각되어 안정적인 유동성 풀을 구축하게 된다. 이런 플랫폼의 활성화는 밈 토큰 경제를 더욱 활발하게 하며, 많은 참여자들이 밈 토큰 경제를 구축하는 일에 관심을 두게 한다.

마지막으로, 건전한 밈 토큰 경제를 구축하는 일은 Web3.0 시대에 가장 중요한 일 중에 하나일 것이다. 이를 위한 가장 중요한 요소는 아마도 창의 적인 밈 토큰 생태계를 기획하고, 실행하고, 바르고 정직한 생각으로 건강한 커뮤니티를 구성하는 인간 바로 우리들이 될 것이다.

04 마치며

밈코인의 역할과 활용 방안이 다양해지고 생태계가 풍부해지고 있지만 마냥 긍정적인 방향으로만 나아가고 있는 것은 아니다. 누구나 쉽게 밈코인을 만들고 거래할 수 있는 환경이 구축된 만큼 펌프 앤 덤프(pump and dump), 내부자 거래, 크립토 허니팟(Honeypot) 등 투자자 피해 사례도 빈번하게 발생하고 있다.

또한 시장이 더욱더 자극적이고 직관적인 밈코인을 찾는 상황이 과열되면서 인종차별, 참사, 지나친 희화화 등 논란을 야기할 수 있는 밈을 앞세운 밈코인들이 우후죽순으로 생겨나기도 하였다. 유명 암호화폐 VC인 a16z의 CTO 에디 라자린(Eddy Lazzarin)은 작금의 밈코인 열풍에 "밈코인은 카지노 혹은 거짓된 약속을 보장으로 하는 상품들처럼 암호화폐가 인식되게 하고 이는 미래의 웹3 도입, 규제, 그리고 빌더들의 행동까지 모두 영향을 준다(At best, it looks like a risky casino. Or a series of false promises masking a casino. This deeply affects adoption, regulation/laws, and builder behavior)."라고 언급하며 우려를 표했다.

2024년 밈코인 열풍에서는 밈코인의 긍정적 및 부정적 면모를 모두 확인할 수 있었다. 하지만 밈코인이 시장 참여자의 여론, 주목받는 내러티브 등 그동안 정량화하는데 어려운 요소에 가치를 부여했다는 점에 주목할 필요가 있다. 가장 공정한 토큰(페어 런치 등), 내부자들에 대한 도전, 커뮤니티 문화 반영 등 밈코인의 가치를 나타내는 수식어는 많지만, 시장 참여자가 가장 직접적으로 느낄 수 있었던 밈코인의 본질적 가치는 여론, 마인드 셰어(mind share) 등 다수의 개인 참여자와 투자자들의 '관심'을 토큰의 가격으로 수치화시킨 데에 존재한다. 특정 밈코인이 대표하는 커뮤니티가 얼마나 활발한지, 얼마나 시장 참여자들의 호응을 얻고 있는지, 대변하는 밈이 얼마나 뜨거운 주제인지 등의 무형 자산이 실시간으로 해당 토큰의 가치에 투영되고 있는 현 상황은 암호화폐 시장만이 보여줄 수 있는 새로운 가치 발현 프로세스이며, 웹3 산업의 발전에서 나타나는 긍정적인 변화라 할 수 있다.

참고문헌

PART1_서론

- https://www.pbs.org/independentlens/blog/from-kilroy-to-pepe-a-brief-history-of-memes/
- https://www.yna.co.kr/view/AKR20241025120300017 [게임위드인] 딥페이크로 '밈' 소재 된 게임 개발자들…엇갈린 업계 시선
- https://youtu.be/DYbt8rmJT40 "다 해줬잖아" (feat. 전재학) 유튜브 동영상

PART 2_밈이란

- 문화를 창조하는 새로운 복제자 밈, 수잔 블랙모어 저(원제목 "The Meme machine"), 김명남 역, 2010년
- 지식의 대통합, 통섭, 에드워드 윌슨, 사이언스북스 2005
- 호모 사피엔스, 인류를 지배종으로 만든 문화적 진화의 힘 (원제: The Secret of our success, 조셉 헨릭, 2015) 2024
- https://journals.sagepub.com/doi/full/10.1177/1470412914546577 The Cultural Logic of Photo-Based Meme Genres, 2014
- https://nownews.seoul.co.kr/news/newsView.php?id=20191031601013 'OK 부머'를 아시나요?…미국 '꼰대'에 지친 젊은 세대의 '말대꾸'
- https://namu.wiki/w/OK%20Boomer '오케이 부머' 밈
- 『컨버전스 컬처』 올드 미디어와 뉴 미디어의 충돌, 헨리 젠킨스, 2006
- 『The World Made Meme』 Public Conversations and Participatory Media, 라이언 밀너, 2016
- 싸이의 영상 뮤직비디오 '강남스타일' 에 드러난 키치(Kitsch)와 밈(Meme)에 대한 탐구, 한국콘텐츠학회논문지 13권 11호, 이현석(동서대학교), 2013

- 밈(Meme) 데이터의 패턴 분석 및 예측 시스템, 한국정보기술학회논문지 9권 9호, 주지훈, 윤영미(가천의과학대학교), 2011

PART 3_인터넷의 발달과 밈의 시대

- https://www.cracked.com/article_29538_4-step-history-first-internet-meme-...-100-years-ago.html Can't Make It Up: The First 'Internet' Meme Is 100 This Year
- https://www.bbc.com/news/blogs-trending-43783521 Is this 1921 cartoon the first ever meme?
- https://knowyourmeme.com/memes/expectation-vs-reality Expectation vs. Reality
- https://en.wikipedia.org/wiki/Kilroy_was_here Kilroy was here
- https://nationalgeographic.grid.id/read/134133967/kilroy-was-here-meme-misterius-yang-viral-sepanjang-perang-dunia?page=all
- https://post.naver.com/viewer/postView.nhn?volumeNo=30743495&memberNo=21060 최초의 인터넷 밈 현상
- https://passivesecrets.com/meme-statistics/ 2024년 밈 통계
- https://www.amraandelma.com/meme-statistics/ 2024년 최고 밈 통계
- https://www.enterpriseappstoday.com/stats/memes-statistics.html 국가, 기기, 사용자, 산업 및 추세별 밈 통계
- https://copyhackers.com/2020/06/covid-memes/

PART 4_블록체인과 밈토큰

- https://www.reddit.com/r/Bitcoin/comments/1bnz2y/mo_money_mo_problems/
- https://namu.wiki/w/비트코인/에피소드

- https://bitinfocharts.com/dogecoin/ 도지코인 채굴 현황 정보

- https://foundation.dogecoin.com/ 도지코인재단 홈페이지

- https://namu.wiki/w/도지코인?uuid=d62c382c-cf97-41d8-963d-128205c2521b 나무위키

- https://en.wikipedia.org/wiki/Department_of_Government_Efficiency

PART 5_밈토큰

- https://coinmarketcap.com/

- https://namu.wiki/w/카보스

- https://www.btcc.com/ko-KR/academy/crypto-basics/what-is-first-neiro-on-ethereum

- https://www.blockmedia.co.kr/archives/746801 크립토와 AI 그리고 자율적 에이전트의 미래

PART 6_밈 토큰 경제

- https://coinmarketcap.com/ 코인마켓캡 사이트. 모든 암호화폐를 카테고리별로 정리해 놓음.

- http://abi.sufs.ac.kr/gb/bbs/board.php?bo_table=notice&wr_id=8&sst=wr_hit&sod=desc&sop=and&page=1 블록체인 생태계 플레이어들 간의 역할 지도

- https://medium.com/despread-creative/ 밈코인, 관심경제를 통해 재발견된 잠재력

- https://bcif.bccard.com/content/detail/359 밈코인 열풍에 내재된 거버넌스 변화의 시사점

- https://members.delphidigital.io/reports/attention-is-all-you-need#attention-must-flow-2c4d Attention Is All You Need
- https://m.blog.naver.com/ryogan/223632126623 How An AI Bot Became a Crypto Millionaire(feat. $GOAT)
- https://decenter.kr/NewsView/2DAHZM9D9P/GZ03 솔라나 기반 밈코인 봉크, 한국 지사 설립…"한국 진출 가속화"
- https://techjd.medium.com/what-exactly-is-the-truth-terminal-fb7e0507589c What Exactly is the Truth Terminal?
- https://www.kucoin.com/ko/learn/crypto/what-are-ai-memecoins-and-how-to-trade-ai-driven-tokens
- https://coinness.com/news/1109590 a16z 설립자 "트루스 터미널에 $5만 BTC 지원 결과 GOAT 탄생"

PART 7_결론

- https://www.blockmedia.co.kr/archives/778760 무엇이 밈코인의 가치를 결정하는가
- https://kr.beincrypto.com/base-news/74686/ 밈코인 97% 실패로 돌아간다…3% 성공의 비결은?
- https://plisio.net/ko/blog/degen Degen은 누구인가?
- https://medium.com/@jake_52483/ 밈코인투자에 몰리는 디젠들
- https://plisio.net/ko/blog/honeypot-crypto-scam 허니팟 사기에 대해서
- https://namu.wiki/w/%EB%B0%88(%EC%9D%B8%ED%84%B0%EB%84%B7%20%EC%9A%A9%EC%96%B4)

- https://blog.insilicogen.com/70

- https://www.youtube.com/watch?v=oPalQy7a5u 밈이란 무엇일까?

- https://namu.wiki/w/%EC%9D%B4%EA%B8%B0%EC%A0%81%20%EC%9C%A0%EC%A0%84%EC%9E%90

- https://www.btcc.com/ko-KR/academy/crypto-basics/about-ai-meme-coin AI 밈코인 종류 및 리스트…

- https://x.com/IGGYAZALEA/status/1838077034402095395 IGGY AZALEA $MOTHER

- https://www.chosun.com/economy/money/2024/05/17/FMKSEXQSCBCXZDAWMCA4YGUSEI/#:~:text=%E2%98%9E%EB%B0%88(meme)%20%EC%A3%BC%EC%8B%9D,%EC%A3%BC%EC%8B%9D%EC%9D%98%20%ED%9A%A8%EC%8B%9C%EB%A1%9C%20%EA%BC%BD%EB%8A%94%EB%8B%A4. 다시 돌아온 밈 주식

- https://selfstudyblog.tistory.com/15 밈 주식 이란?

- https://www.popsci.co.kr/news/articleView.html?idxno=1343 최초의 디지털 밈을 만들다. 베이비 차차

- https://www.wowtv.co.kr/NewsCenter/News/Read?articleId=202407039349b 트럼프 밈코인 막내아들

- https://magazine.hankyung.com/business/article/202410020808b 밈코인은 내부자들만 돈버는 시장에 대한 반란이다.

- https://techjd.medium.com/what-exactly-is-the-truth-terminal-fb7e0507589c What Exactly is the Truth Terminal?

- https://magazine.hankyung.com/business/article/202410020808b

WEB3.0시대 - 밈 코인 투자 전략

1판 1쇄 펴낸날 2024.12.10

지은이	장민
출판사	㈜에이비비
기 획	it.cg 기획부
편 집	한지혜
디자인	한지효
주 소	서울시 서초구 강남대로 365, 1709호
전 화	02-523-8885
팩 스	02-6008-0515
이메일	info@blockchaintoday.co.kr

[책 내용 문의]

도서내용에 대하여 궁금한 사항이 있으시면 저자의 이메일로 문의 바랍니다.

저자 이메일 - minjang@gmaail.com

이 책은 저작권법에 따라 보호받는 저작물이므로 무단 전재와 무단 복제를 금지하며, 이 책 내용의 전부 또는 일부를 이용하려면 반드시 저작권자와 ㈜에이비비의 동의를 받아야 합니다.

* 잘못된 책은 바꿔 드립니다.
* 값은 뒤표지에 있습니다.

ISBN 　　 979-11-978048-3-0